信託法の要点

Takechi Katsunori
武智克典
［編著］

青林書院

はしがき

　本書は、信託法を学ぶ学生や信託業務に新たに携わることとなった担当者・法曹実務家など、これから新たに信託法を学ぶ者が信託の仕組みや信託法の基本的な考え方を理解するために参照することを想定したものである。

　信託法は、旧法が大正11年に制定されて以来、長きに亘って大きな改正がされることがなかったが、金融技術の発展等に伴い、投資信託などの各種金融商品や、各種証券化・流動化取引などにおいて、種々な形で信託が活用される場面が増えているといわれている。

　こうした中で、平成17年に新しい信託法が制定され、より柔軟でかつ容易に信託を活用することができるよう、旧法において指摘されていた様々な問題点の解決が図られた。

　今後、こうした法整備の下で、さらに、信託を活用していくことが期待されているが、信託法は、法曹実務家であっても決して触れる機会の多い法律ではなく、その解説書も専門家向けのものが多く、初学者にとって信託法を理解することは必ずしも容易であるとはいえない。

　本書の執筆に当たっては、こうした初学者であっても、信託の仕組みを容易に理解し、信託法の概要を把握することができるよう、可能な限り平易な説明に努めることとした。今後、新たに信託法を学ぶ学生や実務家が信託の仕組みや信託法の概要を理解するための一助として本書が活用されれば幸いである。

　また、今回の執筆の過程においては、かつて執筆者が所属していたアンダーソン・毛利・友常法律事務所や片岡総合法律事務所の諸先生方には、様々な機会を通じて貴重なご示唆をいただき、心より感謝申し上げたい。また、本書の刊行は、平成17年に信託法の成立当時に企画され、新しい信託法の解説を目的としていたにもかかわらず、執筆者の怠慢により、「信託法の概要」というテーマでの刊行になったことについては、青林書院編集部の皆様に深くお詫び申し上げるとともに、また、長期間にわたり、多大なご配慮をいただいた倉成栄一氏に対し、厚く御礼申し上げることとしたい。

　2012年2月

編者　武　智　克　典

編集者・執筆者紹介

武 智 克 典（たけち　かつのり）

1994年3月	岡山大学法学部卒業
1996年3月	京都大学大学院法学研究科修士課程 民刑事法専攻研究者養成コース修了
1998年4月	大阪地方裁判所判事補（50期）
2000年4月	法務省民事局付検事
2000年4月〜 2000年6月	金融審議会第一部会ホールセール・リーテイルに関するワーキンググループ関係官
2003年4月〜 2003年6月	金融審議会金融分科会第二部会信託に関するワーキンググループ関係官
2003年8月	東京地方裁判所判事補
2003年10月	弁護士登録（第二東京弁護士会所属） アンダーソン・毛利・友常法律事務所入所
2006年1月	アンダーソン・毛利・友常法律事務所パートナー
2006年11月	片岡総合法律事務所パートナー
2011年7月	武智総合法律事務所開設

〔著作・論文〕

『《金融ADRに対応する》営業店の苦情・トラブル対策講座（第2分冊、第3分冊）』（共著、きんざい・2011年）

「民法（債権法）改正における企業法務からの視点　第2回　継続的契約について」NBL936号（2010年）

城山康文＝武智克典＝檜山　聡『知的財産訴訟手続法—知的財産関係民事訴訟における手続の特例—』（共著、青林書院・2009年）

「著名商品等表示（2）—ドメイン名関係〔J-PHONE事件〕」中山信弘ほか編『商標・意匠・不正競争判例百選』164頁以下（有斐閣・2007年）

細川清編『進展する民事立法と民事法務行政』（共著、テイハン・2006年）

アンダーソン・毛利・友常法律事務所編著『新会社法の読み方—条文からみる新しい会社制度の要点—』（共著、金融財政事情研究会・2005年）

牧野利秋＝飯村敏明編『新・裁判実務大系4　知的財産関係訴訟法』（共著、青林書院・2001年）

小野瀬厚＝武智克典編著『一問一答　平成15年　改正民事訴訟法』（共著、商事法務・2004年）

深山卓也編著『新しい国際倒産法制　外国倒産承認援助法等の逐条解説＆一問一答』（共著、金融財政事情研究会・2001年）

「民事訴訟法等の一部を改正する法律の概要」コピライト2003年10月号・2003年）

「司法制度改革審議会意見の概要—民事司法制度に関する提言について＜論説・解説＞」民事月報57号（2002年）

武智克典ほか「民事訴訟法の一部を改正する法律の概要（上）（下）」ジュリスト1209号（2001年））

武智克典ほか「史料　先取特権法（10）＜史料と紹介＞」民商法雑誌123（2）号（2000年）

西　岡　佐依子（にしおか　さえこ）
- 1995 年 3 月　　一橋大学社会学部卒業
- 1995 年 4 月　　第一生命保険相互会社入社
- 2002 年 10 月　　弁護士登録（55 期、東京弁護士会所属）
- 2002 年 10 月　　片岡総合法律事務所入所
- 2010 年 4 月　　いろは法律事務所入所（兵庫県弁護士会所属）

〔著作・論文〕
山岸憲司＝片岡義広＝内山義隆編『リース・クレジットの法律相談〔新版〕』（共著、青林書院・2003 年）

正　田　真　仁（しょうだ　まひと）
- 2001 年 3 月　　慶應義塾大学法学部法律学科卒業
- 2004 年 10 月　　弁護士登録（57 期、第二東京弁護士会所属）
- 2004 年 10 月　　アンダーソン・毛利・友常法律事務所入所
- 2005 年 8 月　　片岡総合法律事務所入所
- 2011 年 8 月　　稲葉総合法律事務所入所

小　室　太　一（こむろ　たいち）
- 2002 年 3 月　　上智大学法学部法律学科卒業
- 2005 年 10 月　　弁護士登録（58 期、東京弁護士会所属）
- 2005 年 10 月　　片岡総合法律事務所入所
- 2011 年 7 月　　武智総合法律事務所開設

〔著作・論文〕
『《金融 ADR に対応する》営業店の苦情・トラブル対策講座（第 2 分冊、第 3 分冊）』（共著、きんざい・2011 年）
『日本証券業協会「外務員資格試験」対応・よくわかる証券外務員試験対策講座』（校閲・協力、きんざい・2011 年）
片岡義広＝小室太一「金融商品取引法等の改正について」銀行法務21　708 号（2009年）

清　水　将　博（しみず　まさひろ）
- 2003 年 3 月　　中央大学法学部法律学科卒業
- 2006 年 10 月　　弁護士登録（59 期、東京弁護士会所属）
- 2006 年 10 月　　片岡総合法律事務所入所
- 2011 年 7 月　　武智総合法律事務所開設

〔著作・論文〕
「学べる資金決済法　第 1 回「払戻し」」社団法人日本資金決済業協会・協会ニュース 3 号 5 頁 2011 年 3 月
『織込式　貸金 3 法法令集』（共編、中央経済社・2011 年）
片岡義広＝吉元利行編『クレジット取引　改正割賦販売法の概要と実務対応』（共著、青林書院・2010 年）
『貸金業務取扱主任者資格試験対策講座・受験教本・対策問題集追補確認資料（4 条施行対応版）』（共編、きんざい・2010 年）
『改正割賦販売法・特定商取引法　三段対照法令集』（共編、きんざい・2009 年）
『貸金業務取扱主任者資格試験教本等　追補確認資料』（共編、きんざい・2009 年）

凡　例

1. 用字・用語等

本書の用字・用語は、原則として常用漢字、現代仮名づかいによるが、法令に基づく用法及び判例、文献等の引用文は原文通りとした。

2. 法令の引用表示

本文解説、かっこ内での法令条項は、信託法については条文番号のみで、他は原則としてフルネームで引用した。

また、同一法令の条数（条・項・号）を並べるときは「・」、他の法令の条数（条・項・号）を並べるときは「、」でつないだ。

3. 判例の引用表示

判例の引用は、次のように行った。

（例） 平成 14 年 1 月 17 日最高裁判所判決、最高裁判所民事判例集 56 巻 1 号 20 頁
　　　→最判平成 14 年 1 月 17 日民集 56 巻 1 号 20 頁

【判例集等略語表】

最大判（決）	最高裁判所大法廷判決（決定）
最判（決）	最高裁判所判決（決定）
高判（決）	高等裁判所判決（決定）
地判（決）	地方裁判所判決（決定）
民集	最高裁判所民事判例集
高民集	高等裁判所民事判例集
下民集	下級裁判所民事裁判例集
判タ	判例タイムズ
判時	判例時報
金法	金融法務事情
金判	金融・商事判例

主要参考文献

星野　豊『信託法』（信山社・2011 年）
新井　誠『信託法制の展望』（日本評論社・2011 年）
永石一郎＝赤沼康弘＝高野角司編集代表『信託の実務 Q & A』（青林書院・2010 年）
能見善久『信託の実務と理論』（有斐閣・2009 年）
新井　誠『信託法〔第 3 版〕』（有斐閣・2008 年）
三菱 UFJ 信託銀行『信託の法務と実務〔5 訂版〕』（金融財政事情研究会・2008 年）
村松秀樹『概説新信託法』（金融財政事情研究会・2008 年）
新井　誠監修『コンメンタール信託法』（ぎょうせい・2008 年）
米倉　明『信託法の新展開　その第一歩をめざして』（商事法務・2008 年）
寺本昌広『逐条解説新しい信託法〔補訂版〕』（商事法務・2007 年）
小野　傑＝深山雅也編『新しい信託法解説』（三省堂・2007 年）
福田政之＝池袋真実＝大矢一郎＝月岡　崇『【詳解】新信託法』（清文社・2007 年）
井上　聡編著『新しい信託 30 講』（弘文堂・2007 年）
道垣内弘人『信託法入門』（日本経済新聞出版社・2007 年）
道垣内弘人＝小野　傑＝福井　修編『新しい信託法の理論と実務　金融・商事判例 1261 号』（経済法令研究会・2007 年）
新井　誠『新信託法の基礎と運用』（日本評論社・2007 年）
寺本振透『解説新信託法』（弘文堂・2007 年）
佐藤哲治『Q & A 信託法　信託法・信託法関係政省令の解説』（ぎょうせい・2007 年）
佐藤哲治『よくわかる信託法』（ぎょうせい・2007 年）
別冊 NBL 編集部『信託法改正要綱試案と解説　別冊 NBL No. 104』（商事法務・2005 年）
高橋康文『詳解新しい信託業法』（第一法規・2005 年）
能見善久『現代信託法』（有斐閣・2004 年）
四宮和夫『信託法〔新版〕』（有斐閣・2002 年、オンデマンド版 2009 年）

目　次

はしがき
凡　例

第1章　総　則

1　信託の意義及び方法 ……………………………（武智克典）… 3
　　〔関連条文　2条・3条〕
2　信託の効力の発生 ………………………………（武智克典）… 7
　　〔関連条文　4条〕
3　詐害信託の取消し ………………………………（武智克典）… 10
　　〔関連条文　11条〕
4　否認権の特則 ……………………………………（武智克典）… 18
　　〔関連条文　12条〕
5　その他 ……………………………………………（武智克典）… 22
　　〔関連条文　7条～10条・13条〕

第2章　信託財産

1　信託財産の公示 …………………………………（武智克典）… 29
　　〔関連条文　14条、会社法154条の2・272条の2・695条の2、信託業法30条〕
2　信託財産の範囲 …………………………………（武智克典）… 34
　　〔関連条文　16条〕
3　信託財産の付合等 ………………………………（武智克典）… 40
　　〔関連条文　17条～19条〕

第3章　受託者

1　信託事務遂行義務 ………………………………（武智克典）… 45
　　〔関連条文　29条1項〕

2　善管注意義務……………………………………（武智克典）… 47
〔関連条文　29 条 2 項〕

3　忠実義務等………………………………………（武智克典）… 51
〔関連条文　30 条ないし 32 条・40 条 3 項〕

4　公平義務…………………………………………（武智克典）… 63
〔関連条文　33 条・44 条 2 項〕

5　分別管理義務……………………………………（小室太一）… 65
〔関連条文　34 条・40 条 4 項〕

6　信託事務の処理の委託…………………………（小室太一）… 70
〔関連条文　28 条・35 条・40 条 2 項〕

7　帳簿作成義務等…………………………………（正田真仁）… 76
〔関連条文　36 条～38 条〕

8　他の受益者に関する情報を求める権利等 ……（正田真仁）… 89
〔関連条文　39 条〕

9　受託者の損失てん補責任等……………………（武智克典）… 92
〔関連条文　40 条〕

10　法人役員の連帯責任……………………………（武智克典）… 96
〔関連条文　41 条〕

11　損失てん補責任等に関する消滅時効等 ………（武智克典）… 99
〔関連条文　43 条〕

12　受託者の違法行為に対する差止請求権 ………（小室太一）… 102
〔関連条文　44 条・45 条・85 条 4 項〕

13　検査役選任請求権………………………………（小室太一）… 105
〔関連条文　46 条及び 47 条〕

14　受託者の権限の範囲……………………………（正田真仁）… 108
〔関連条文　26 条〕

15　受託者の権限違反行為の取消し ………………（正田真仁）… 110
〔関連条文　27 条〕

16　費用等の補償請求権……………………………（正田真仁）… 116
〔関連条文　48 条ないし 53 条〕

17 報酬請求権 ………………………………………(正田真仁)… 123
　　〔関連条文　54条〕
18 受託者が複数の信託に関する規律 ………………(武智克典)… 126
　　〔関連条文　79条ないし87条〕
19 受託者の解任及び辞任……………………………(小室太一)… 134
　　〔関連条文　57条・58条〕
20 解任及び辞任以外の受託者の任務終了事由 ………(小室太一)… 136
　　〔関連条文　56条〕
21 合併又は会社分割による受託者の変更 ……………(小室太一)… 138
　　〔関連条文　56条1項・2項〕
22 前受託者等の義務…………………………………(武智克典)… 141
　　〔関連条文　59条・60条〕
23 新受託者の選任……………………………………(武智克典)… 146
　　〔関連条文　62条〕
24 受託者の交代に伴う法律関係 ……………………(武智克典)… 148
　　〔関連条文　75条から78条〕
25 信託財産管理者……………………………………(武智克典)… 152
　　〔関連条文　63条から69条〕

第4章　受益者・受益権

1 受益者の利益の享受 ………………………………(武智克典)… 157
　　〔関連条文　88条〕
2 受益権の放棄………………………………………(武智克典)… 159
　　〔関連条文　99条〕
3 受益者を指定し又は変更する権利 ………………(武智克典)… 161
　　〔関連条文　89条〕
4 遺言代用の信託……………………………………(武智克典)… 164
　　〔関連条文　90条・148条〕
5 いわゆる後継ぎ遺贈型の受益者連続 ……………(武智克典)… 167
　　〔関連条文　91条〕

6　信託管理人等 ……………………………………（武智克典）… 169
　　　〔関連条文　123条から144条〕
　7　信託行為の定めによる受益者の権利の制限 …………（武智克典）… 171
　　　〔関連条文　92条〕
　8　受益権取得請求権 ………………………………（武智克典）… 173
　　　〔関連条文　103条・104条〕
　9　受益者が複数の場合の意思決定方法 ……………（武智克典）… 177
　　　〔関連条文　105条から122条〕
　10　受益権の譲渡 ……………………………………（武智克典）… 180
　　　〔関連条文　93条から98条〕
　11　受益債権についての物的有限責任 ………………（武智克典）… 182
　　　〔関連条文　100条〕
　12　受益債権と信託債権との優先劣後関係 …………（武智克典）… 183
　　　〔関連条文　101条〕
　13　受益債権等の消滅時効等 ………………………（武智克典）… 184
　　　〔関連条文　102条〕

第5章　委託者

　1　委託者の権利 ……………………………………（小室太一）… 189
　　　〔関連条文　145条・148条〕
　2　委託者の地位の移転・委託者の相続人の権利義務 …（小室太一）… 195
　　　〔関連条文　146条・147条・182条2項〕

第6章　信託の変更

　1　信託の変更 ………………………………………（正田真仁）… 199
　　　〔関連条文　149条・150条〕
　2　信託の併合 ………………………………………（正田真仁）… 203
　　　〔関連条文　151条から154条〕
　3　信託の分割 ………………………………………（正田真仁）… 209
　　　〔関連条文　155条から162条〕

第7章 信託の終了

1 信託の終了 ……………………………………………（武智克典）… 219
　　〔関連条文　163条〜174条〕

2 信託の清算 ……………………………………………（武智克典）… 224
　　〔関連条文　175条〜184条〕

3 信託財産の破産 ………………………………………（小室太一）… 234
　　〔関連条文　179条、信託法の施行に伴う関係法律の整備等に関する法律68条、
　　　破産法2条・244条の2〜244条の13等〕

第8章 特殊な類型の信託

1 自己信託（信託宣言）…………………………………（清水将博）… 243
　　〔関連条文　3条3号・4条3項・23条・258条1項・266条1項〕

2 事業信託 ………………………………………………（武智克典）… 249
　　〔関連条文　1条〕

3 セキュリティ・トラスト ……………………………（正田真仁）… 252
　　〔関連条文　3条・55条〕

4 受益証券発行信託 ……………………………………（小室太一）… 261
　　〔関連条文　185条〜215条・248条〜257条〕

5 限定責任信託 …………………………………………（小室太一）… 271
　　〔関連条文　216条〜257条〕

6 民事信託 ………………………………………………（西岡佐依子）… 279
　　〔関連条文　3条・5条・6条・89条・90条・91条・147条〕

7 目的信託 ………………………………………………（正田真仁）… 286
　　〔関連条文　258条〜261条〕

8 公益信託 ………………………………………………（正田真仁）… 290
　　〔関連条文　公益信託ニ関スル法律〕

第1章 総　則

1　信託の意義及び方法
2　信託の効力の発生
3　詐害信託の取消し
4　否認権の特則
5　その他

1 信託の意義及び方法

＊ 関連条文　2条・3条

> **現行法のポイント**
> ➢ 信託を積極的に活用することができるよう、信託の意義を明確かつ合理的に。
> ➢ 自己信託を設定することが可能に。

1 趣　旨

　旧法は、信託とは、「財産権ノ移転其ノ他ノ処分ヲ為シ他人ヲシテ一定ノ目的ニ従ヒ財産ノ管理又ハ処分ヲ為サシムルヲ謂フ」（旧1条）と定めるにとどまっており、信託の意義が必ずしも明確ではないため、信託の積極的な利用を妨げる要因の一つとなっていた。

　そこで、現行法は、信託の意義やその設定方法から信託を利用することができる範囲が必要以上に狭く解されることがないよう、信託の意義及びその設定方法を定めた。

2 内　容

a　信託の意義（2条1項）

信託とは、
① 委託者が、受託者に対し、財産の譲渡、担保権の設定その他の財産の処分（信託譲渡等）を行い、受託者名義であり、かつ受託者その他の関係者の固有財産から独立した財産（信託財産）を組成し、

4 第1章 総　則

<図1　信託 ― 他益信託（受託者と委託者とが異なる場合）>

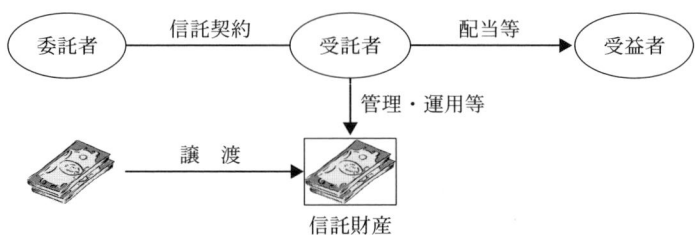

<図2　信託 ― 自益信託（受託者と委託者とが同一である場合）>

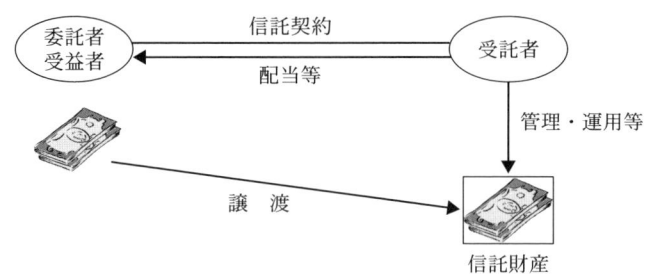

　②　受託者が、信託契約に従って信託財産の管理・運用等を行い、そこから得られた収益等を受益者に配分する

仕組みをいう。

　なお、信託には、受託者と委託者とが異なる「他益信託」と受託者と委託者とが同一である「自益信託」とがある。

　旧法においては、信託の意義の定め方から信託を利用することができる範囲を狭く解する余地もあったことから、現行法においては、そのような解釈がされることがないよう、信託の意義について、次の点を改めている。

　第1に、信託譲渡等について、財産権の処分に限られず、財産の処分一般及び担保権の設定もこれに該当することとし、財産であれば幅広く一般に信託財産の対象となることとした。

　第2に、信託事務の内容は、財産の管理又は処分に限られず、信託目的に従い、その目的を達成するために必要な行為を行うものとされ、借入行為

や権利取得行為等、必ずしも財産の管理又は処分に該当しないものも信託事務に該当することを明らかにした[1]。

　第3に、信託目的は、専ら受託者の利益を図る目的であってはならない。そもそも、信託の本質として、信託財産については、受託者の固有財産からの独立性が認められ（倒産隔離効）、受託者の債権者であっても、信託事務の処理によって権利を取得したなどの事情がない限り、信託財産に対しては権利行使をすることができないとされている。そして、このような信託の倒産隔離効は、信託が、第三者（受益者）の利益を図るために設定されるものであることを根拠とすることに基づくものである。なお、信託の倒産隔離効については、後記第2章を参照されたい。

　以上のとおり、現行法では、信託の意義を合理的かつ明確に定めたことにより、他の諸規定とも相まって事業信託やセキュリティ・トラストなど多様な信託の利用（後記第8章、2、3参照）が進められるよう配慮がされている。

b　信託の設定方法

　現行法は、信託の設定方法として、図1、2に掲げた信託契約による場合のほか、遺言による場合及び信託宣言による場合（自己信託）を認めている。

　遺言による場合とは、遺言書において、遺贈により信託譲渡を行うとともに、受託者が行うべき事務の内容等を定めて信託を設定することをいう。この場合には、民法が定める遺言の方式に従わなければならないことになる（民法960条以下）。

　また、信託宣言による場合（自己信託）とは、委託者が、自ら受託者として、自己の所有する財産について、管理又は処分等の信託事務を行う意思表示をすることにより信託を設定する場合をいう。旧法の下では、その濫用の危険性等から認められていなかったが、現行法では、その有用性を認め、一

---

[1] 受託者が受益者の指図の下でのみ財産の管理及び処分をするような信託（いわゆる、受託者が積極的に行為すべき権利義務を負わない受働信託。流動化の取引などで利用される。）であっても、信託の実態を備えていないなど信託の設定行為の有効性そのものが否定されない限りにおいては、信託目的の達成のために必要な行為を行っている以上、信託としての実質を備えているものと解される。

<図3 信託の設定方法>

*1 遺言については、民法の方式に従う必要がある。
*2 公正証書等の書面に記載すべき事項又は電磁的記録に記載されるべき事項は、以下のとおりである（信託法施行規則3条）。
 1. 信託の目的
 2. 信託をする財産を特定するために必要な事項
 3. 自己信託をする者の氏名又は名称及び住所
 4. 受益者の定め（受益者を定める方法の定めを含む。）
 5. 信託財産に属する財産の管理又は処分の方法
 6. 信託行為に条件又は期限を付すときは、条件又は期限に関する定め
 7. 信託の終了事由（法163条9号の事由）（当該事由を定めない場合にあっては、その旨）
 8. 前各号に掲げるもののほか、信託の条項
*3 公正証書のほか、公証人が認証した書面又は電磁的記録がこれに含まれることになる。

定の方式の下で、これを認めることとしている。具体的には、信託宣言により自己信託を設定する場合には、公正証書その他の書面により、信託の目的、信託財産の特定のために必要な事項その他法務省令で定める事項を記載しなければならないとされている（3条3号）。また、同一の事項が記録された電磁的方法によることも認めており、この場合の電磁的方法については、電子的方式、磁気的方式その他他人の知覚によっては認識することができない方式で作られる記録であって、電子計算機による情報処理の用に供されるものとして、法務省令で定めるものをいうとされている。なお、この信託宣言により信託を設定した場合の取扱いの詳細については、後記第8章、1を参照されたい。

〔武智　克典〕

2　信託の効力の発生

*　関連条文　4条

> **現行法のポイント**
> ➤　信託契約による信託設定の効力発生時期は、契約締結時であることを明確に。

1　趣　旨

旧法の下では、信託の効力の発生時期について特に明文の規定は置かれていなかった。そのため、信託契約は、信託譲渡ともにその効力が生ずるとする有力な見解（信託契約の要物契約性）もあり、信託の効力の発生時期は、必ずしも明確ではなかった。

そこで、現行法は、信託の方法に応じ、その効力の発生時期を明確にした（4条）。

2　内　容

現行法では、信託を設定する方法として、①信託契約、②遺言、③信託宣言の3つの方式を認めたこと（3条）から、それぞれの方法に応じてその効力の発生時期を定めている。

a　信託契約による場合

信託契約の締結時に信託の効力が生ずるものとされている（4条1項）。

しかし、委託者から受託者への信託譲渡及びその手続は、信託契約の締結時においてそのすべてを完了するとは限らず、信託契約の締結後に信託譲

渡、財産の引渡し、登記等の公示手続が行われることも少なくない。

このような場合には、受託者は、信託契約の締結時の段階においては、原則として、信託の引受けの準備のために必要な事務を行わなければならない義務や、忠実義務として将来信託が設定された場合にその信託の利益が害される行為（競業行為（32条）等）をしてはならない義務を負うなどにとどまることとなる。

ただし、委託者から受託者への信託譲渡の効力の発生時期は、民法176条の解釈によることになるものと考えられ、不動産等が信託譲渡される場合には、信託契約において特別の定めがない限りにおいては、信託契約締結時にその不動産の所有権が受託者に移転し、以後、受託者が、所有者としての責任（民法717条等）を負わなければならないことなどに留意が必要である。

また、信託の効力が生じるまでの間の受託者の注意義務については、信託契約において特別の定めをすることも可能であると解される。

他方で、委託者は、信託譲渡を行うべき義務を負い、信託譲渡がされるまでの間、信託財産として譲渡されるべき財産を善良な管理者の注意をもって管理すべき義務を負うことになる（民法400条）。

b　遺言による場合

遺言の効力の発生時に信託の効力が生ずるものとされている（4条2項）。

ただし、遺言は、単独行為で行われることになるため、まず、受託者を特定し、その上で、受託者による信託の引受けが行われることになる。このため、利害関係人（委託者の相続人、遺言執行者、受益者として指定された者等）により、受託者として指定された者に対して信託の引受けをするか否か催告をする手続（5条）や受託者として指定された者が信託の引受けをしなかった場合等に備えて裁判所が受託者を選任する手続（6条）が設けられている。

このようにして受託者が特定された後、遺言執行者は、委託者及びその相続人に代わり、受託者に対し、遺言により指定された財産の信託譲渡を行うこととなる（民法1012条・1015条）。

c　信託宣言による場合

　信託宣言によって信託を設定する場合には、その方式に従い、次のとおり、信託の効力が生ずることになる（4条3項）。
　① 公正証書、公証人の認証を得た書面又は電磁的記録（公正証書等）により信託を設定した場合　　公正証書等が作成された時点
　② 公正証書等以外の書面又は電磁的記録　　受益者に対する確定日付けある証書により、信託が設定された旨及びその内容を通知した時点
　なお、信託宣言によって設定される、いわゆる自己信託についての規律は、後記第8章、1を参照されたい。

d　停止条件及び期限が付されている場合

　前記aからcまでの信託行為（信託契約、遺言及び信託宣言）には、停止条件又は期限を付することができる。
　このような条件又は期限が付されている場合には、その停止条件の成就又は期限の始期が到来したときに信託の効力が生ずることになる（4条4項）。

〔武智　克典〕

3　詐害信託の取消し

* 関連条文　11条

> **現行法のポイント**
>
> ➤ 受益権の取得時に善意であった受益者が一人でもいる場合には取消権の行使が不可能に。
>
> ➤ 受益権の取得時に悪意であった受益者に対する受益権の譲渡請求が可能に。
>
> ➤ 取消権の行使を免れるために無償で善意者を受益者として指定すること等が不可能に。

1 趣　旨

　旧法は、委託者がその債権者を害することを知って信託（詐害信託）を設定した場合には、その債権者は、受益者の主観的要件を問うことなく（受益権を取得した当時において善意であるか否かを問わず）、取消権を行使することができることとしていたため（旧法12条）、受益者や信託と取引をした債権者（信託財産を責任財産とする債務に係る債権（信託債権）を有する者）の利益の保護に欠けるとの指摘がされていた。

　そこで、現行法では、詐害信託の取消しの要件として受益者の主観的要件を定めるなどして委託者の債権者（取消権者）とその他の利害関係人（受益者、信託債権を有する者等）との間の利益の調整を図ることとした。

<図1 旧法下における詐害信託の取消し>

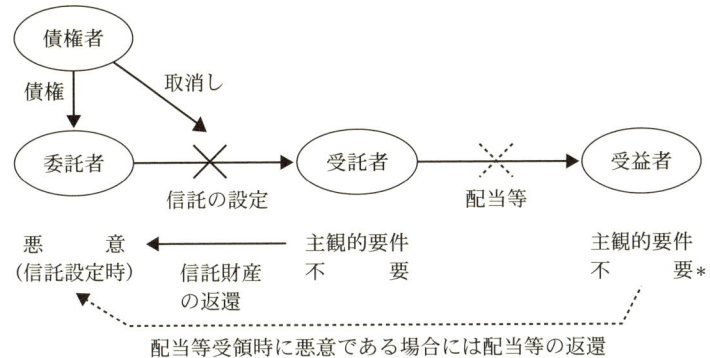

＊債権者が取消権を行使するに当たり、受益者の善意・悪意は問わないが、配当等を受領した時点において受益者が善意である場合には、受益者は、その配当等を返還する必要は生じない。

2 内　容

a　受託者に対する取消権（11条1項）

(a) 民法上の詐害行為取消権

民法424条に基づく詐害行為取消権を行使するためには、

① 債権者を害する法律行為であること
② 債権者を害することについて債務者が悪意であること
③ 債権者を害することについて債務者と法律行為をした相手方が悪意であること

が要件として必要であると解されている。

それゆえ、例えば、債務者が債務の履行を免れるため、債権者を害することを知りながら、第三者に無償で財産を贈与した場合には、債権者は、債務者だけではなく、その第三者も、その贈与が詐害行為に該当することを知っている場合に限り、詐害行為取消権を行使することができることになる（民法424条）。

<図2　民法における詐害行為の取消し>

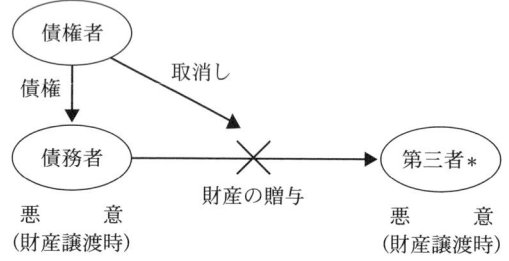

＊信託に置き換えると、本来、この第三者が受託者に相当することになる。

　なお、詐害信託に該当するか否か、信託の設定行為そのものが債権者を害する法律行為であるか否かについては、他益信託である場合（他益信託・自益信託の意義については、前記第1章、1参照）には、委託者と受益者との間の原因関係（受益者が、委託者に対して受益権を取得することの見返りとして相当なものを交付しているか否か等）が問題になると考えられるが、自益信託については、委託者が信託譲渡した財産に代わり受益権を取得していることから、その財産が受益権に転換されたこと自体の合理性が問われることになるものと考えられる[1]。

　(b)　信託法上の詐害信託の特例
　図2に示した民法上の詐害行為取消権の要件について、これを詐害信託についてあてはめると、信託の設定時において受託者が詐害信託であることについて悪意であることが必要であることになる。
　しかし、そもそも、信託契約を締結した受託者は、信託の利益を享受する者（受益者）ではなく、信託財産について固有の利益を有していない。
　そこで、委託者がその債権者を害することを知って（詐害意思をもって）信託の設定を行った場合において、委託者の債権者が詐害行為取消権を行使す

---

[1] 資産の流動化を目的とする信託などにおいて、受益権を信託の設定と同時に譲渡する場合には、実質的に信託を設定した財産を処分したに等しく、信託の設定そのものよりも、むしろ、受益権の処分の方が問題になることが少なくないものと考えられ、受益権の対価などその譲渡の合理性が最大のポイントになるものと考えられる。

＜図3　現行法下における詐害信託の取消し（受託者に対する取消し）＞

```
        債権者
       ／   ＼取消し
      ↓      ＼
   委託者 ──×──→ 受託者 ──────→ 受益者
         信託の設定      配当等
   悪　　意      主観的要件       悪　　意
 （信託設定時） ←財産の返還  不　要  （受益権取得時）
```

る場合には、図3に示したとおり、受託者の主観的要件を問わずに取り消すことができるとし、民法424条の詐害行為取消権の特例を認めた（11条1項本文）。

この点については、現行法は旧法と変わりはない（旧法12条1項。図1参照）。

（ⅰ）善意の受益者の保護

図1に示したとおり、旧法の下では、受益権を取得した時点において、当該信託が委託者の債権者を害する詐害信託であることについて知らなかった（善意であった）場合であっても、信託の設定は、詐害行為として取り消され、受益権に基づいて配当等を受領した時点において善意でない限り、受益者はその配当等を返還しなければならなかった。すなわち、配当等を受領した時点において、詐害信託であることについて悪意である場合には、受領した配当等についても委託者（債権者）に返還しなければならなかった。

しかし、これでは、詐害信託について善意で受益権を取得した受益者に不測の損害を与えるおそれがあることから、現行法の下では、図3に示したとおり、受益者が、受益権の取得時において、当該信託が詐害信託であることを知っている場合（悪意である場合）に限り、取り消すことができるものとしている（11条1項ただし書）。すなわち、他益信託が設定され、未だ受益権の譲渡がされていない場合には、その受益者が受益者としての指定を受けたことを知った時点、また、自益信託であるか他益信託であるかを問わず、信

託の設定後に受益権が譲渡された場合には、受益者が受益権を譲り受けた時点において、それぞれ、詐害信託について悪意でなければならない。また、受益者が複数いる場合には、委託者の債権者は、受益者のすべてが詐害信託について悪意である場合に限り、詐害信託を取り消すことができることになる。

なお、受託者は、委託者の債権者から詐害行為取消権を行使され、取消訴訟を提起された場合には、受益者の善意を主張して防御していくこととなると考えられる。しかし、受益権を取得した当時の受益者の事情については、受託者が知り得ないものも少なくなく、受託者としては、訴訟告知をして受益者の補助参加を促すなど、受益者の協力を得ることが不可欠になるものと考えられる。

また、委託者の債権者が、受託者に対して詐害行為取消権を行使し、詐害信託を取り消すこととしても、受益者に対して受託者から受領した配当等の返還を求める場合には、別途、当該受益者に対して詐害行為取消権を行使し、詐害信託を取り消した上で、その配当等の返還を求める必要がある。

　(ⅱ)　わら人形を利用した潜脱の防止

前記のように、善意の受益者を保護し、委託者の債権者による詐害行為取消権の制限を認めた場合には、取消権の行使を免れる目的で、無償で、善意者を受益者として指定し、又は、善意者に受益権を譲渡することも考えられる。

そこで、このような規制の潜脱を防止するため、現行法は、このような受益者はここで保護されるべき受益者には該当しないものとし、委託者の債権者は、かかる受益者の主観的要件を問うことなく、詐害信託の取消しを行いうることとしている（11条7項・8項）。

b　受益者に対する取消権（11条4項）

（a）詐害行為取消権の特例

委託者から信託を設定するために受託者に処分（譲渡）された財産が、受託者から受益者に交付された場合であっても、その受益者が委託者の詐害意思について悪意である場合には、委託者の債権者は、悪意の受益者に対し、

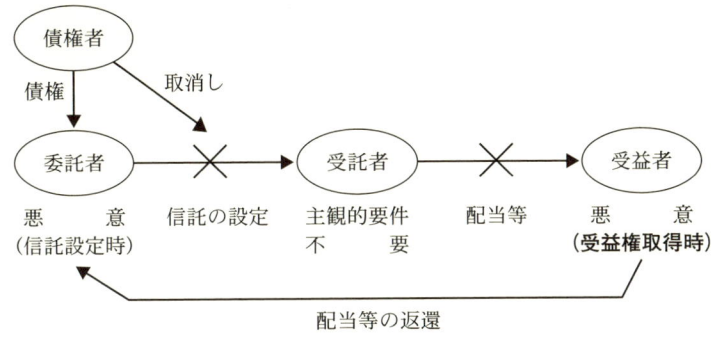

<図4　現行法下における詐害信託の取消し（受益者に対する取消し）>

その受益権を譲渡することを求めることができることとしている（11条4項本文）。

なお、ここでも、受託者に対する詐害行為取消権と同様に、受託者の主観的要件を問うこととはしていない。

(b) 善意の受益者の保護

受益者に不測の損害を与えないようにするため、受託者に対する取消権と同様に、善意の受益者を保護することとし、複数の受益者がいる場合には、全受益者が、受益権の取得時において、委託者が債権者を害することを知って信託を設定したことを知っているときに限り、取り消すことができるものとしている（11条4項ただし書）。

民法424条の原則に従えば、受益者は、受託者から配当等を受領した時点において善意であるか否かが問われることとなる。しかし、受託者から配当等を受領する権利を取得したのは、受益権を取得した時点であることから、受益者が詐害信託であることについて善意であるか否かは、受益権を取得した時点を基準にして判断されることになる。

さらに、取消権の行使を免れる目的で、無償で、善意者を受益者として指定し、又は、その善意者に受益権の譲渡を受けた者が保護されないとの点も受託者に対する詐害行為取消権の場合と同様である（11条7項・8項）。

<図5　現行法下における詐害信託の取消し（悪意の受益者に対する譲渡請求）>

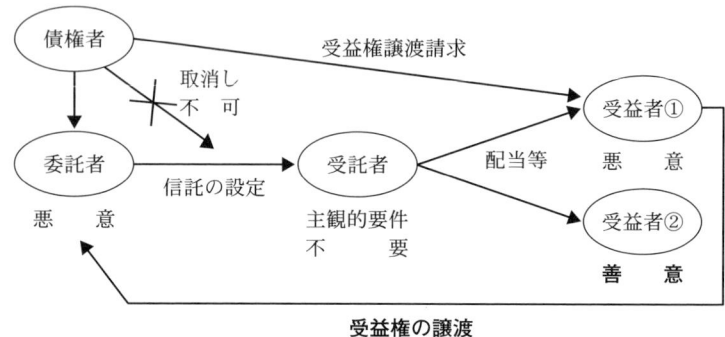

(c) 悪意の受益者に対する受益権譲渡の請求

　前記のとおり、善意の受益者を保護するという観点から、受益者が複数いる場合には、一部の受益者が悪意であっても、受益者に善意である者がいる限り取り消すことはできない（11条1項ただし書）。

　しかし、これは、あくまでも、一部の善意である受益者を保護するためであり、悪意者については、詐害行為取消権の行使から保護する必要がないことはいうまでもない。

　そこで、悪意の受益者に対しては、詐害行為取消権の行使を受けることはないものの、訴えにより、受益権を委託者に譲渡することを命ぜられることになる（11条5項）。なお、譲渡請求権についても、詐害行為取消権と同様に、2年間の消滅時効が設けられている（詐害行為取消権の消滅時効は、民法426条において2年と定められている。）。

　また、この悪意の受益者に対する譲渡請求権は、1項の取消権の行使と選択的に行使することが認められることから、委託者の債権者において、信託財産を信託に組み入れたまま、受益権として権利を保持しておいた方がより実益があると判断した場合には、1項の取消権を行使せずに、この悪意の受益者に対する譲渡請求権を行使することができることになる。

c 信託債権を有する債権者との利害調整

　受託者に対する詐害行為取消権が認められた場合には信託財産の全部又は一部を委託者の下に戻すこととなるが、この場合には、信託財産を責任財産とする債務（信託財産責任負担債務）の履行について重大な影響が生ずることとなる。特に、かかる信託財産責任負担債務に係る債権（信託債権）を有する債権者は、詐害信託であることを知らないことが多いと考えられ、これらの債権者にとっては、不測の損害が生ずるおそれがある。

　そこで、信託債権の債権者が、その債権の取得時において詐害信託であることを知らなかった場合には、委託者は、その債権者に対し、委託者のもとに取り戻された財産の範囲内においてその債務の弁済を行わなければならないこととしている（11条2項）。

　また、受託者が、信託債権について弁済を行ったことなどにより信託財産から費用等の償還を受けることができる（49条1項・53条2項及び54条4項）場合には、かかる受託者の権利を金銭債権として扱うものとし、その弁済時において詐害信託であることを知らなかった場合には、11条2項の規定に基づき、委託者に対して債務の弁済を求めることができる。

d 受託者・受益者からの転得者に対する詐害行為取消権

　詐害信託により委託者から受託者に信託譲渡された財産について、受託者から譲り受けた転得者に対しても、民法424条が適用され、詐害信託について悪意である場合には、委託者の債権者は、委託者による信託の設定を取り消し、その財産を取り戻すことができるものと解される。なお、受託者から財産の交付を受けた受益者から当該財産を譲り受けた転得者についても同様の取扱いが認められるものと解される。

　この点については、転得者に対する詐害行為取消権の行使に関する、民法424条の解釈がそのままあてはまることになろう。

〔武智　克典〕

4 否認権の特則

＊ 関連条文　12条

> **現行法のポイント**
>
> ➢ 受益権の取得時に善意であった受益者が一人でもいる場合には否認権の行使が不可能に。
> ➢ 受益権の取得時に悪意であった受益者に対する受益権の譲渡請求が可能に。
> ➢ 否認権の行使を免れるために無償で善意者を受益者として指定すること等が不可能に。

1 趣　旨

　旧法は、否認権について、詐害行為取消権におけるような特則の規定が設けられていなかった。そのため、委託者が詐害意思をもって信託を設定した（財産を信託譲渡した）場合において、受託者が詐害信託について知らなかった（善意であった）場合の取扱いなどが必ずしも明確ではなかった。
　そこで、現行法は、否認権についても、詐害行為取消権の特則と同様の特則を設けることとした。

2 内　容

a　破産法上の否認権

　破産管財人は、破産手続の開始後、破産者の詐害行為を否認し、破産財団

<図1　否認権が行使されるケース>

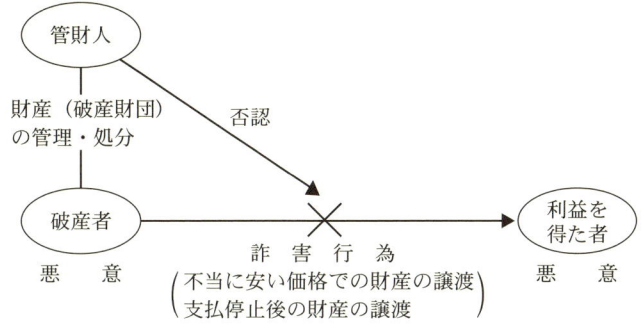

に財産を取り戻すことができる（破産法160条1項）。

　ここでいう「詐害行為」とは、破産者の財産を不当に安い価格で処分するなど、破産者の財産を絶対的に減少させる行為である（債務の弁済などは、破産者の積極財産を減少させるが、併せて消極財産をも減少させるものであることから、債権者間の公平を害する偏ぱ行為に該当しない限り、否認することはできない（破産法162条1項）。）。

　破産管財人が、このような詐害行為を取り消すことができるのは、次の2つの場合である。

① 詐害行為であったことについて、破産者及び詐害行為により利益を得た者が、その行為の当時、知っていた（悪意であった）場合（①の類型）

② 支払の停止又は破産手続開始の決定の申立てがあった後にされた詐害行為であって、かつ、詐害行為により利益を得た者が、支払の停止等があったこと又は詐害行為であったことについて、その行為の当時、知っていた（悪意であった）場合（②の類型）

b　詐害信託における「利益を受けた者」

　上記のように、倒産手続の下で、詐害信託を否認しようとする場合（詐害行為否認、破産法160条1項、民事再生法127条1項、会社更生法86条）には、「利益を受けた者」が詐害信託であることについて悪意であるか否かが問題とな

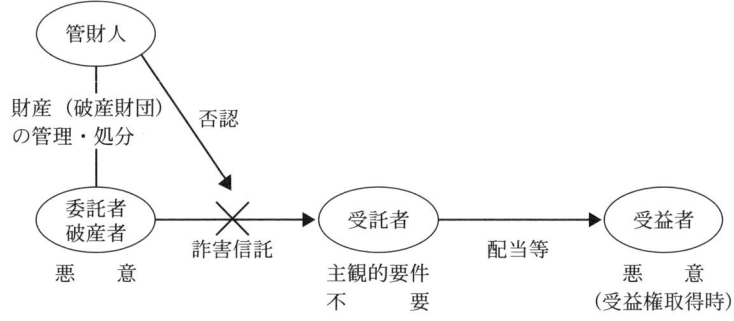

<図2　現行法下における詐害信託の否認 ― ①の類型>

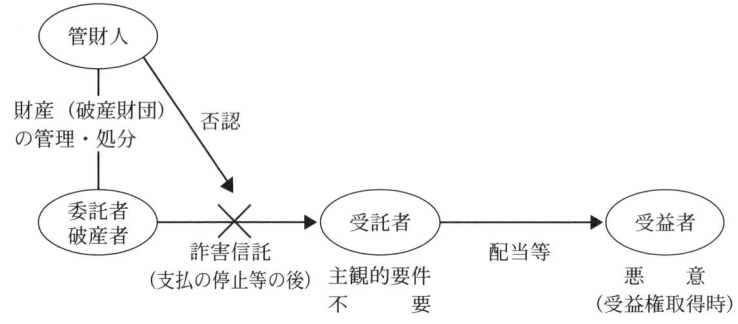

<図3　現行法下における詐害信託の否認 ― ②の類型>

る。ここで問題となる「利益を受けた者」とは、一般に、詐害行為の相手方当事者であることから、旧法の下では、詐害信託については、信託契約の当事者である受託者と解する余地があった。しかし、受託者は、信託の利益を享受する者（受益者）ではなく、信託財産について固有の利益を有していないことから、旧法の下でも、ここでいう「利益を受けた者」とは、否認によりもっともその利害に影響を受ける「受益者」を指すと解すべきであるとされていた。

そこで、現行法は、このような旧法の解釈を明らかにすべく、否認権の行使において主観的要件が問題となる「利益を受けた者」とは、「受益者」であるとし、かつ、複数の受益者がいる場合における受益者保護を徹底する観

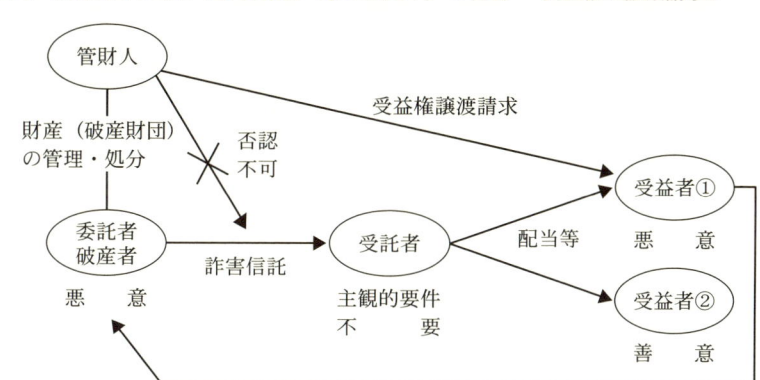

<図4　現行法下における詐害信託（①の類型＊）の否認 ― 受益権の譲渡請求>

```
                        受益権譲渡請求
        管財人 ─────────────────────────→
         │ ＼                                    受益者①
 財産（破産財団） 否認                          ┐  悪　意
 の管理・処分  不可                    配当等  │
         ↓    ＼                              │
        委託者        受託者 ─────────────────┤
        破産者  詐害信託                      │
         悪　意       主観的要件              └  受益者②
           ↑           不　要                    善　意
           │
           └──────── 受益権の譲渡 ─────────────┘
```

＊②の類型であっても、支払の停止等の後に詐害信託が設定されたこと、
　及び委託者（破産者）の主観的要件は問題とならないことを除けば、
　基本的な構造は異なるところはない。

点から、詐害行為取消権の場合と同様、受益者全員が委託者の詐害意思について悪意でなければ否認権の行使が認められないことを明らかにした（12条1項・3項及び5項）。

また、受益者が善意であるか、悪意であるかは、受益者が受益権を取得した時点を基準とすべきであろう。

c　受益権の譲渡請求権の創設（12条2項・4項及び5項）

詐害信託に対する詐害行為取消権の場合と同様に、一部に善意の受益者がいる場合であっても、悪意の受益者に対しては、受益権の譲渡を認め、委託者（破産者）の破産債権者の利益を保護すべきであると考えられる。

そこで、破産管財人は、悪意の受益者に対して訴えを提起することにより、受益権の譲渡請求権を認めることとしている。

〔武智　克典〕

5 その他

＊ 関連条文　7条〜10条・13条

現行法のポイント

> ➤ 受託者が一時的に（処分等の目的で）受益権の全部を保有することが可能に。
> ➤ 民事信託（非営業信託）において裁判所が後見的に関与する制度を廃止へ。

1　趣　旨

　現行法は、旧法における受託者の資格、受託者の利益享受の禁止、脱法信託の禁止及び訴訟信託の禁止に関する規定をほぼ踏襲しているが、受託者の利益享受の禁止については、受益権の処分等の目的で受託者が一時的に受益権を保有することを認めることとした。
　また、旧法において認められていた民事信託（非営業信託）において裁判所が後見的に関与する制度を廃止するとともに、信託の事務処理における会計の原則を明らかにしている。

2　内　容

a　受託者の資格（7条）

　旧法においては、未成年者、成年被後見人、被保佐人及び破産手続開始決定を受けた者（破産者）は、受託者になることができないとされていた。
　しかし、破産手続の開始決定を受けた者が必ずしも受託者として不適格ではないと考えられ、会社法においても、取締役の欠格事由から外されたこと

などを受け、これを受託者の資格要件から外すこととしている。

なお、委任においては、受任者について破産手続開始の決定があったことがその終了事由となっているのと同様に、信託の設定後、受託者について破産手続開始の決定があった場合には、その受託者の任務は終了することになる（56条1項3号）。この場合には、信託契約において別段の定めがない限り、いったん、受託者としての任務を終了させ、改めて、受託者として任務を継続させるかも含め、検討をすることになる。もちろん、信託契約において、受託者について破産手続開始の決定がされた場合であっても、受託者の任務は終了しない旨を定めることは可能である（56条1項柱書ただし書）。

その結果、現行法においては、以下の者が受託者になることができないことになる。

① 未成年者
② 成年被後見人
③ 被保佐人

b 受託者の利益の享受（8条）

信託は、受託者以外の者の利益を図ることを目的とすることにその特質があり、受託者に善管注意義務のみならず、忠実義務が課されるのはまさにこのことに基づくものである。そこで、旧法の下では、受託者は、複数の受益者の一人として信託の利益を享受するほか、どのような名目の下でも、信託の利益を享受することはできないとされていた。

しかし、受益権を売却する必要が生じた場合において、受益者よりもむしろ受託者の方が受益権の販売チャネルを有していることも少なくなく、このような処分をする目的で一時的に受託者が受益権を保有することも認めるべき必要があることにかんがみ、現行法では、「受託者は、受益者として信託の利益を享受する場合を除き、何人の名義をもってするかを問わず、信託の利益を享受することができない。」と規定し、受託者が一時的に単独で受益権の全部を保有することを認めている。なお、受託者が受益権の全部を保有することは、一時的に受益権の処分等の目的で認められているにすぎないことから、受託者が受益者の地位を兼ねたまま1年間を経過した場合には、

信託は終了することとしている（163条2号）。

c　脱法信託の禁止（9条）

旧法と同様に、現行法においても、信託を利用することにより、受益者として、本来、享有することのできない財産権から利益を得ることはできないこととしている。例えば、特許法25条の規定によりある特許権を取得することができない外国人は、特許権に信託を設定して受益権の形で取得することも許されない。

d　訴訟信託の禁止（10条）

旧法と同様に、現行法においても、信託を利用することにより、受託者として、弁護士法72条及び73条並びに民訴法54条が弁護士のみが行うことができるとしている訴訟行為等を行うことは許されないこととしている。

なお、訴訟信託の禁止は、弁護士法72条等の潜脱を許さないこととすることを目的とするものであるから、信託事務の処理の一環として、受託者が当事者として訴訟行為を行うことは、これを主たる目的とするものでない限りは、当然に許されるものと解されよう。すなわち、訴訟信託が禁止されるのは、訴訟行為をさせることを主たる目的として信託を設定する場合のみである。

e　営業信託の商行為性について（商法502条13号）

旧法と同様に、信託の引受けを営業として行う場合には、当該信託（いわゆる、営業信託）の設定は、商行為とされる。なお、このような営業信託の商行為性について、信託法に規定が置かれていた（旧法6条）が、本来、営業的商行為については商法において整理されるべきものであるとされ、502条の付属的商行為の一事由として規定された（商法502条13号）。

f　裁判所の監督について

旧法においては、営業として信託を行った場合を除く、非営業信託については、その信託事務について、裁判所が関与し、後見的に監督を行うこと

されていた。しかし、裁判所が積極的に関与することを期待することは困難であることから、現行法では、廃止された。なお、現行法における裁判所の関与については、次のとおりである。

① 遺言信託における受託者の選任（6条）
② 検査役の選任（46条）
③ 受託者の辞任の許可又は解任（57条2項・58条4項）
④ 新受託者の選任（62条4項）
⑤ 信託財産管理命令及び信託財産管理者の選任（63条及び64条）
⑥ 信託財産管理者の辞任の許可又は解任（70条）
⑦ 信託財産法人管理命令及び信託財産法人管理人の選任（74条2項及び6項）
⑧ 信託財産法人管理人の辞任の許可又は解任（74条6項）
⑨ 受益者の価格の決定（104条2項）
⑩ 信託管理人の選任、辞任の許可又は解任、新信託管理人の選任（123条4項・128条2項・129条1項）
⑪ 信託監督人の選任、辞任の許可又は解任、新信託監督人の選任（131条4項・134条2項・135条1項）
⑫ 受益者代理人の辞任の許可又は解任、新受益者代理人の選任（141条2項・142条1項）
⑬ 特別の事情による信託の変更命令（150条）
⑭ 特別の事情による信託の終了命令（165条）
⑮ 公益の確保のための信託の終了命令（166条）
⑯ 信託財産に関する保全処分及び管理命令（169条及び170条）
⑰ 公益の確保のための信託の終了命令の場合の新受託者の選任（173条）
⑱ 条件付債権等に係る債務の弁済における鑑定人の選任（180条）
⑲ 受益証券に関する公示催告手続（211条1項）
⑳ 清算中の限定責任信託において清算受託者が一定の債務を弁済するについての許可（230条2項）
㉑ 遺言の方法による受益者の定めのない信託における信託管理人の選任（258条6項）

g　会計原則について（13条）

　現行法においては、会社法上の会社と同様、受託者は、信託事務の処理に当たり、一般に公正かつ妥当と認められる会計の慣行に従って、信託の会計を処理しなければならない。

〔武智　克典〕

第2章　信託財産

1　信託財産の公示
2　信託財産の範囲
3　信託財産の付合等

1 信託財産の公示

* 関連条文　14条、会社法154条の2・272条の2・695条の2、信託業法30条

> **現行法のポイント**
>
> ➤ 有価証券については、動産と同じく、特段の公示方法を必要とせずに信託財産であることを対抗することが可能に。

1 趣　　旨

　旧法は、株式、社債又は新株予約権については、証券（株券、社債券等）が発行されている場合には、その証券に信託財産であることを記載するとともに、株主名簿、社債原簿又は新株予約権原簿にもその旨を記載しなければならないとされていたが、このような公示方法を必要とすることには必ずしも合理性がないとの指摘がされていた。

　そこで、現行法は、証券が発行されている株式、社債又は新株予約権については、動産と同じく、特段の公示を行わなくとも信託財産であることを第三者に対抗することができることとした。

2 内　　容

a　信託財産の公示の意義

　ある財産について信託が設定された場合には、公示方法が問題となる場合として、次の2つがある。

① 信託財産であることについての公示が問題となる場合

信託財産に属する財産について権利行使を行おうとする受託者の債権者に対し、その財産が信託財産に属する財産であることを主張する場合であり、信託法上の信託財産の公示が問題となる場面である（14条）。

すなわち、受託者の債権者は、一定の場合を除き、その債権に基づいて信託財産に対して権利行使をすることはできない（21条、信託財産の独立性については、後記第2章、3参照）。そこで、受託者の債権者が、誤って信託財産に対して権利行使をした場合には、受益者等の利害関係人は、その債権者に対し、信託財産であることを理由にその権利行使を阻止することができるが、その際に、信託財産であることをその債権者に対抗するためには、この信託法に定められた信託財産の公示が備えられていなければならない。

そのほか、受託者がその権限を逸脱して信託財産に属する財産の一部を処分した場合において、受益者等が、受託者の権限違反行為を取り消し、これを信託財産として取り戻そうとするときなどに問題となる（後記第3章、15参照）。

② 信託譲渡についての公示が問題となる場合

委託者から譲り受けたなどとしてその財産について権利を主張する利害関係者に対し、その財産が信託譲渡により受託者の所有する財産であることを主張する場合であり、民法等が定める対抗要件として公示が問題となる場面（民法177条等）である。

例えば、不動産について信託を設定した場合には、前記①の信託の登記のほか、所有権移転登記を備えておかなければ、さらに委託者から不動産の譲渡を受けた第三者に対し、受託者は、その不動産の信託譲渡を受けたことを対抗することができないことになる（民法177条）。

b 登記・登録すべき財産の公示方法

現行法においても、旧法と同様に、登記又は登録をしなければ権利の得喪及び変更を第三者に対抗することができない財産については、信託の登記又は登録をしなければ、信託財産であることを第三者に対抗することができないこととされている（14条）。

<図1 信託設定時に問題となる公示>

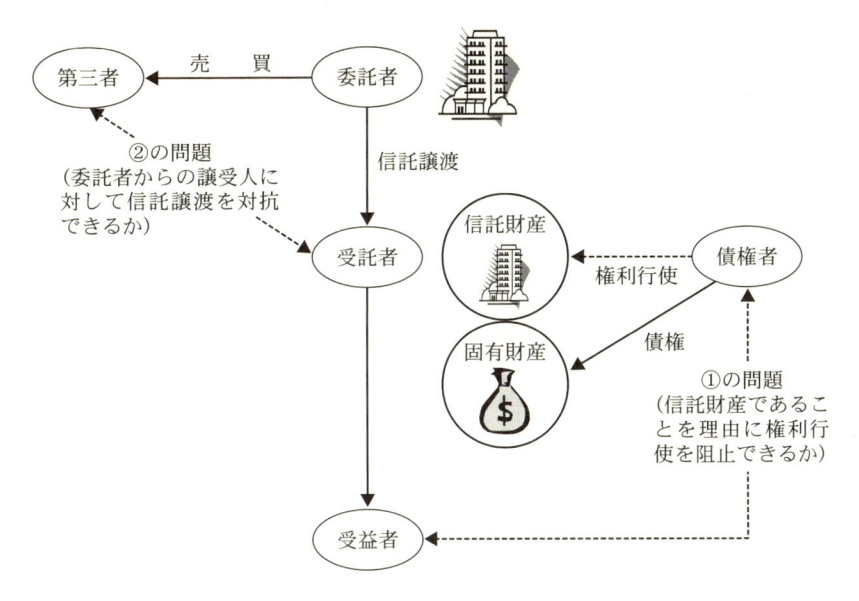

　これは、信託財産については、受託者の固有財産とは独立した法的地位（倒産隔離）が認められていることから、少なくとも、登記又は登録が義務づけられるべき財産については、登記又は登録を備えなければならないものとして債権者等の利害関係人の保護に配慮したものである。

　それゆえ、前記のとおり、登記が義務づけられている不動産については、信託財産であることを受託者の債権者に対して対抗するためには、信託の登記をしなければならない（不動産登記法97条以下、同規則175条以下）。

c　有価証券の公示方法

（a）原　　則

　旧法においては、有価証券については、公証人が信託表示簿に証券の種類・番号、委託者・受託者の氏名を記載した上で、証券には信託財産である旨及び登録番号を記載して日付の付された印章を捺印するとともに、その印章をもって信託表示簿と証券とに割印をすることとし（大正11年勅令519号2

条)、さらに、株式及び社債については、株主名簿等にも信託財産である旨を記載しなければならないとされていた（旧法3条2項）。

　しかし、有価証券については、大量かつ頻繁に取引されることもあり得ることにかんがみると、あまりに現実的ではないと考えられる。

　そこで、有価証券については、動産と同様に、特段の公示方法は要しないものとされた。有価証券は、そもそも、私法上の権利を表章する証券であって、その権利の移転又は行使は証券の授受によって行われることに特殊性があり、証券の占有がその権利の公示方法類似の機能を有していることから、動産と同様に整理がされたものと考えられる。

（b）証券が発行されない株式等の特例

　株式、新株予約権及び社債については、証券を発行しない場合があるが、このような場合には、前記（a）に述べたような有価証券としての特殊性を有しないことから、現行法においても、旧法と同様、以下のとおり、公示方法を施さなければならないこととされている（旧法3条3項）。

① 　株式（会社法154条の2第1項・第4項）

　　　株主名簿に信託財産に属する旨を記載すること

② 　新株予約権（会社法272条の2第1項・第4項）

　　　新株予約権原簿に信託財産に属する旨を記載すること

③ 　社債（会社法695条の2第1項・第4項）

　　　社債原簿に信託財産に属する旨を記載すること

（c）営業信託の特例

　旧法の下では、信託業法が適用される営業信託については、信託財産として所有する有価証券と固有財産として所有する有価証券とを分別して管理する場合には、第三者に対してその有価証券が信託財産であることを対抗することができるとされていた（旧業法30条1項）。

　しかし、前記（a）に述べたとおり、有価証券についても、動産と同様、特に公示方法を講ずる必要がないとされ、このような特例が意味を有しなくなったことから、かかる特例は削除されている。

　なお、登録国債（国債に関する法律2条2項の規定により登録をした国債）については、証券の発行が予定されていないことから、現行法においても、旧法と

同様、移転の登録等において信託財産であることを明示しておこなうことにより、これらの登録を信託法上の登録と見なすことができるとされている（信託業法30条）。

d その他の財産の公示方法

現行法においても、旧法と同様に、その他の財産については、特段の公示をすることなく信託財産であることを対抗することができることとしている。

なお、受託者は、特段の事情がない限り、信託財産を自己固有の固有財産とは分別してこれを管理するとともに、信託財産の状況については、帳簿を作成してこれを管理することとなることから、特段の公示方法なくして信託財産であることを対抗させても弊害は少ないと考えられる。

〔武智　克典〕

34　第 2 章　信託財産

2　信託財産の範囲

＊　関連条文　16条

> **現行法のポイント**
>
> ➢　信託の設定及び信託事務の処理等によって受託者が得た財産は「信託財産」に。

1　趣　旨

現行法においても、旧法と同様、信託財産の管理、処分、滅失、損傷その他の事由により受託者が得た財産は信託財産に属することとされた（16条、旧14条）。

2　内　容

信託財産は、現行法の下でも、旧法と同様に、以下の財産により構成されることとなる。

a　信託譲渡された財産（16条柱書）

委託者と受託者との間で信託が設定され、委託者から受託者に信託譲渡された財産は、信託財産を構成することになる。

例えば、信託譲渡された不動産がこれに該当することになる。

旧法は、信託譲渡の対象を「財産権」と規定していたのに対し、現行法では、これを「財産」と改めているが、これは、広く積極財産の全てが信託の対象となることを明らかにしたものにすぎず、債務を信託財産として引き受けることができることを規定したものではないとされている。信託契約により債務の引受けがされた場合であっても、当該債務は、信託財産として整理されるのではなく、信託財産責任負担債務（信託財産により債務の履行をすべき債務）として整理されることになる（21条）。

なお、旧法の下では、「債務」も信託財産に含まれることが前提となっていたように思われる（「信託財産ニ属スル債務」「信託財産ニ属セサル債務」）。

b 信託事務の処理により受託者が得た財産（16条1号）

「信託財産に属する財産の管理、処分……その他の事由により受託者が得た財産」、すなわち、受託者が、信託事務の処理として行った行為によって得た財産は、信託財産に属することが明らかにされている。

例えば、信託財産であった不動産を処分したことにより取得した売却代金がこれに当たることになる。

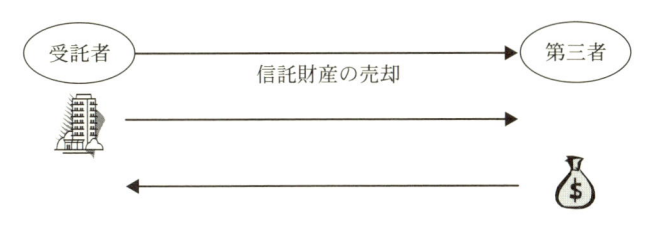

ここでいう信託事務の処理として行った行為とは、受託者が、信託のためにした行為、すなわち、信託財産にその効果を帰属させる意思で行った行為をいい、信託の利益を図るなどの積極的な意思は必要ではない。すなわち、民法における代理において、代理人が、代理行為を行う際に、本人に効果を帰属させる意思があれば足り、積極的に本人の利益を図る意思を必要としないのと同様である（なお、代理の場合と同様、受託者が信託財産にその効果を帰属させる意思を有しながらも、自己又は第三者の利益を図る目的で信託事務を処理した場合には、権限濫用行為として別異の取扱いを認める余地はあろう（最判昭和42年4月20日

<図　信託事務の処理により受託者が得た財産>

- 受託者の権限内で信託財産のために（信託財産に効果を帰属させる意思）行った行為＊により受託者が得た財産
- 受託者の権限外で信託財産のために行った行為で受益者等から取り消されていない行為により受託者が得た財産

＊　ただし、受託者が自己又は第三者の利益を図る目的で権限を濫用した場合には、別異の解釈をする余地もある。

民集 21 巻 697 頁等)。)。

　また、受託者が、信託財産のために、その権限を越えて第三者と行った取引や利益相反取引の制限に違反した自己取引を前提に第三者と行った取引によって受託者が得た財産の取扱いが問題となるが、この点について、現行法は、必ずしも明確な規定を置いていない。しかし、信託財産を引当てとする債務（信託財産責任負担債務）の範囲に関する規律に照らせば、受益者等によって取り消すことができない取引によって受託者が得た財産が信託財産に属することは当然として、さらに、受益者等によって取り消すことができる取引によって受託者が得た財産であっても、受益者によって取り消されるまでは、信託事務の処理によって受託者が得た財産として信託財産に属することとなる。

　旧法の下では、信託事務の処理によって生じた債務についても、信託財産（「信託財産ニ属スル債務」）として整理されていたが、現行法では、このような債務については、信託財産として整理せず、単に、信託財産責任負担債務（信託財産により履行をすべき債務）として整理するにとどめている（21 条）。

c　信託財産の全部又は一部が滅失又は損傷したことにより受託者が得た財産

信託財産を構成する財産の全部又は一部が滅失又は損傷したことにより、受託者が得た財産をいう。

例えば、信託財産である建物が放火により滅失した場合において、受託者が取得した損害賠償請求権がこれに該当する。

```
受託者 ──損害賠償請求権──→ 放火者
```

d　信託法の規定により信託財産に属することとされた財産

信託法の規定により、信託財産に属することとされた財産としては、次のようなものがある。

① 信託財産に属する財産の付合等（17条）

信託財産に属する財産と受託者の固有財産又は他の信託の信託財産に属する財産との間で、付合、混和又はこれらの財産を材料とする加工があった場合には、信託財産に属する財産と受託者の固有財産等に属する財産は、異なる所有者に属するものとして、民法の付合、混和又は加工の規定が適用され、これらの規定により、信託財産に属する財産とされるべきものは、いずれも信託財産に属することとなる（後記「3　信託財産の付合等」参照）。

なお、信託財産に属する財産と第三者の所有する財産との間において付合、混和又はこれらの財産を材料とする加工があった場合にも、当然、民法の付合、混和又は加工の規定が適用され、これらの規定により、信託財産に属する財産とされるべきものは、いずれも信託財産に属することとなる。

この付合、混和又は加工は、添付と呼ばれ、所有者が異なる2つ以上の物が結合されて社会的経済的に一つの物とみるべき場合において、これを一つの物とし、かつ、その所有権の帰属を定める制度である（結果的に所有権を喪失した者に対しては、補償請求権が認められる（民法248条）。）。なお、一つの物

とすることができるか否かについては強行規定であるが、これを誰の所有の物とするかについては任意規定であると解されている。したがって、17条の適用が想定される場面においても、付合等により一つの物となったものの帰属をどのように定めるのかについては、当事者間の合意によって定めることも可能である。

② 信託財産に属する財産と固有財産等に属する財産との識別不能 (18条)

付合等以外の理由により、信託財産に属する財産と固有財産に属する財産との間でこれらを個別に識別することができなくなった場合には、識別をすることができなくなった当時における各財産の価額の割合に応じ、その共有持分が信託財産と固有財産とに属するものとする (18条1項)。また、この各財産の価額の割合の立証が容易でないことがあり得ることも踏まえ、この共有持分は等しいものと推定されている (18条2項)。

また、受託者が、複数の信託における受託者を兼任しており、ある信託の信託財産に属する財産と別の信託の信託財産に属する財産とを個別に識別することができなくなった場合にも、同様の取扱いをすることとしている (18条3項)。

③ 信託財産と固有財産等とに属する共有物の分割 (19条)

共有持分が信託財産と固有財産とに属している財産について分割の手続をとり、その結果、信託財産に属すべきものとされた財産は、信託財産に属することとなる。また、共有持分がある信託の信託財産と異なる信託の信託財産とに属している財産について分割の手続をとった場合についても同様に、分割された財産はそれぞれの信託の信託財産に属することとなる。

なお、この財産の分割の手続は、民法上の共有物分割の手続とほぼ同じものであり、信託行為において定めた方法 (複数の信託の信託財産に共有持分が属する物については、各信託の信託行為において定めた方法によることになる。) 等によって行われることになる。

④ 信託財産に係る給付に関する受益者の責任 (226条3項・228条3項)

限定責任信託において給付可能額を超えて受益者に対する信託財産に係る給付が行われた場合において、法226条1項に基づいて受託者に対して金銭の支払義務を履行したときは、その金銭は、信託財産に属することになる

(226条3項)。

　また、限定責任信託において受益者に対する信託財産に係る給付が行われた後の最初の計算期日において欠損額が生じた場合において、法228条1項に基づいて受託者に対して金銭の支払義務を履行したときは、その金銭は、信託財産に属することになる（228条3項）。

　⑤　会計監査人の損失てん補の責任（254条2項）

　会計監査人がその任務を怠ったことによって信託財産に損失が生じた場合において、会計監査人が損失のてん補として受託者に対して交付した金銭その他の財産は、信託財産に属することとなる（254条2項）。

〔武智　克典〕

3 信託財産の付合等

＊ 関連条文　17条～19条

> **現行法のポイント**
>
> ➤ 信託財産に属する財産が固有財産等との識別不能が生じた場合であっても、当該財産は信託と固有財産に属する共有物として取り扱うことが可能に。
> ➤ 信託財産と固有財産等とに属する共有物の分割手続の創設。

1 趣　旨

　旧法の下では、信託財産と固有財産等との間で識別不能が生じた場合には、信託財産であることの立証をすることができないため、固有財産にのみ権利行使をすることができる債権者が無条件で識別不能となった財産に対する権利行使をすることができるという不公平な結果を招いていた。
　そこで、現行法は、信託財産と固有財産等との間で識別不能が生じた場合の取扱いの規定を設けるとともに、信託財産と固有財産等とに属する共有物の分割手続を設けている。

2 内　容

a　信託財産に属する財産の付合等（17条）

　信託財産に属する財産と受託者の固有財産又は他の信託の信託財産に属する財産との間で、付合、混和又はこれらの財産を材料とする加工があった場合には、信託財産に属する財産と受託者の固有財産等に属する財産は、異なる所有者に属するものとして、民法の付合、混和又は加工の規定が適用さ

れ、これらの規定により、信託財産に属する財産とされるべきものが決定されることとなる。

この付合、混和又は加工は、添付と呼ばれ、所有者が異なる2つ以上の物が結合されて社会的経済的に一つの物とみるべき場合において、これを一つの物とし、かつ、その所有権の帰属を定める制度である（結果的に所有権を喪失した者に対しては、補償請求権が認められる（民法248条）。）。なお、一つの物とすることができるか否かについては強行規定であるが、これを誰の所有の物とするかについては任意規定であると解されている。したがって、17条の適用が想定される場面においても、付合等により一つの物となったものの帰属をどのように定めるのかについては、当事者間の合意（信託契約）によって定めることも可能である。

b 信託財産と固有財産等との識別不能（18条）

付合等以外の理由により、信託財産に属する財産と固有財産に属する財産との間でこれらを個別に識別することができなくなった場合には、識別をすることができなくなった当時における各財産の価額の割合に応じ、その共有持分が信託財産と固有財産とに属するものとしている（18条1項）。

また、この各財産の価額の割合の立証が容易でないことがあり得ることも踏まえ、この共有持分は等しいものと推定されている（18条2項）。

なお、受託者が、複数の信託における受託者を兼任しており、ある信託の信託財産に属する財産と別の信託の信託財産に属する財産とを個別に識別することができなくなった場合にも、同様の取扱いをすることとしている（18条3項）。

ただし、信託財産の状況を管理するための帳簿が作成されている限りにおいては、信託財産と固有財産等とが混蔵保管されている場合でも受益者又は受託者は、信託財産の確保を図ることが可能である。

c 信託財産と固有財産等とに属する共有物の分割（19条）

信託財産と固有財産等とに属する共有物の分割手続について、民法上の共有物分割手続に準じた手続を整備した。

まず、信託財産と固有財産とに属する共有物の分割手続については、次のいずれかの方法によって行われることになる。
① 信託行為において定めた方法
② 受託者と受益者との協議による方法
③ 受託者が決する方法（ただし、分割をすることが信託の目的の達成のために合理的に必要と認められる場合であって、受益者の利益を害しないことが明らかであるとき、又は、分割の信託財産に与える影響、分割の目的及び態様、受託者と受益者との実質的な利害関係の状況その他の事情に照らして正当な理由があるときに限って受託者が分割をすることが認められている。）
④ 裁判所による共有物分割の裁判（ただし、①から③の方法により分割をすることができない場合に限られる。）

また、信託財産と他の信託財産とに属する共有物の分割手続も同様に、次のいずれかの方法によって行われることになる。
① 各信託の信託行為において定めた方法
② 各信託の受益者の協議による方法
③ 各信託の受託者が決する方法（ただし、分割をすることが信託の目的の達成のために合理的に必要と認められる場合であって、受益者の利益を害しないことが明らかであるとき、又は、分割の信託財産に与える影響、分割の目的及び態様、受託者と受益者との実質的な利害関係の状況その他の事情に照らして正当な理由があるときに限られる。）
④ 裁判所による共有物分割の裁判（ただし、①から③の方法により分割をすることができない場合に限られる。）

d　受託者の相続財産からの分離

現行法は、受託者が死亡により任務を終了して受託者が欠けるに至った場合について、新受託者が就任しない限り、信託財産を法人とみなすこととしたことから（74条1項）、このような場合に信託財産が相続財産に含まれない旨を規定した旧法15条に相当する規定を設けていない。

〔武智　克典〕

第3章　受　託　者

1　信託事務遂行義務
2　善管注意義務
3　忠実義務等
4　公平義務
5　分別管理義務
6　信託事務の処理の委託
7　帳簿作成義務等
8　他の受益者に関する情報を求める権利等
9　受託者の損失てん補責任等
10　法人役員の連帯責任
11　損失てん補責任等に関する消滅時効等
12　受託者の違法行為に対する差止請求権
13　検査役選任請求権
14　受託者の権限の範囲
15　受託者の権限違反行為の取消し
16　費用等の補償請求権
17　報酬請求権
18　受託者が複数の信託に関する規律
19　受託者の解任及び辞任
20　解任及び辞任以外の受託者の任務終了事由
21　合併又は会社分割による受託者の変更
22　前受託者等の義務
23　新受託者の選任
24　受託者の交代に伴う法律関係
25　信託財産管理者

1　信託事務遂行義務

＊　関連条文　29条1項

> **現行法のポイント**
>
> ➢ 受託者が、信託行為の定めの背後にある委託者の意図に従うべきであることが明確に。

1　趣　　旨

　旧法は、「信託行為ノ定ムル所」の定めに従い、「信託財産ノ管理又ハ処分」をすることを受託者の任務として規定していたが（旧法4条）、解釈上は、受託者が信託行為の定めに形式的に従っているだけでは足りず、信託行為の定めの背後にある委託者の意図に従うべきであるとされ、また、受託者が信託財産の管理又は処分に限らず、信託目的の達成のために必要な行為を行う権限を行使すべきであるとされていた。
　そこで、現行法は、信託事務遂行義務の内容を明確に規定し、その趣旨を明らかにしている（29条1項）。

2　内　　容

　現行法29条1項は、「信託の本旨に従い」信託事務を行わなければならないとしている。
　ここでいう、「信託の本旨」[1]とは、「信託ノ目的」を、信託のあるべき姿に照らして理想化したもの、言い換えれば、委託者の意図すべきであった目的と解されている[2]。そもそも、委託者は、受託者が信託事務を遂行することによって信託目的が達成されることを期待していると考えられるところ、

```
┌─────────────────────────────────────┐
│     信託の本旨に照らし必要とされる信託事務      │
│        ┌───────────────┐           │
│        │  信託行為に定められた   │           │
│        │      信託事務       │           │
│        └───────────────┘           │
└─────────────────────────────────────┘
```

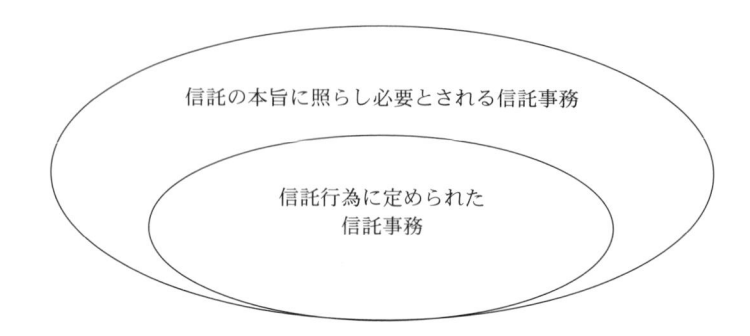

　この信託目的の達成のため、受託者は、信託行為の定めに形式的に従っているだけでは足りず、信託行為の定めの背後にある委託者の意図に従って、信託事務を処理することが求められているのである。

　そこで、現行法においては、受託者は、信託目的の達成のために必要な行為を行う権限を有し、このような権限を行使することを任務とすることを明らかにした上で（26条）、信託の本旨に従って信託事務を処理しなければならないことを明らかにしている。

〔武智　克典〕

---

[1] 旧法20条、27条、31条、70条、73条等参照。
[2] 四宮和夫『信託法〔新版〕』247頁（有斐閣・2002年）。また、能見博士は、旧法73条に見られる「信託ノ本旨」という文言が、信託行為によって定められる信託の内容とはレベルが異なり、その一段上位にある「信託の目的」ないし当該信託を設定した際の「基本的な意図」を意味していると解している（能見善久『現代信託法』152頁（有斐閣・2004年））。

2　善管注意義務

＊　関連条文　29条2項

  現行法のポイント

  ➤　受託者の善管注意義務が任意規定であることが明確に。

1 趣　　旨

　旧法は、受託者が善良な管理者の注意をもって信託事務を処理しなければならないと定め、受託者に善管注意義務があることを明らかにしていたが、この善管注意義務について信託契約で変更できるか否か、すなわち善管注意義務を課した信託法の規定が強行規定であるか任意規定であるかが必ずしも明確ではなかった（旧法20条）。

　現行法は、受託者に善管注意義務があることを規定するとともに（29条2項本文）、この善管注意義務を定めた信託法29条2項本文が任意規定であることを明らかにした（同項ただし書）。

2 内　　容

a　受託者の善管注意義務（29条2項）

　受託者は、委託者や受益者の信認を受けて、信託財産の管理又は処分その他信託目的の達成のために必要な行為を行うのであるから、信託事務の遂行に当たって必要とされる受託者の注意義務の基準としては、自己の財産に対するのと同一の注意では足りず、より高度な注意義務を負うこととする必要があるとされる。

そこで、現行法では、受託者の注意義務の基準について、旧法を踏襲し、受託者は、善良な管理者の注意をもって信託事務を処理しなければならないと定めている（29条2項本文）。

ところで、旧法の下では、受託者の善管注意義務は、信託契約等の信託行為により加重したり、軽減したりすることができるか否か、すなわち、受託者の善管注意義務を定める旧法20条の規定が強行規定であるか、任意規定であるかが明確ではなかったが（旧法20条）、私的自治の観点から、受託者の注意義務の程度は、信託行為の定めにより加重・軽減できるとすることが相当であるという理由から、旧法20条は任意規定であるとの解釈が有力であった[1]。

実務的に見ても、受託者が、いわゆるカストディアンとして、受益者等の指図に従って信託財産を管理・処分しているようなケース[2]等を念頭に置くと、受託者に厳格な善管注意義務を課すことが、必ずしも妥当でない場合があり得る。すなわち、受託者に求められる役割や機能は信託による取引の目的によって異なってくるのである[3]。

当然のことながら、受託者がある案件において果たすことが期待される役割、機能等に差異があり得ることを踏まえて、信託行為により、受託者の善管注意義務の内容や程度について柔軟に定められるようにしておく必要があると考えられる。

そこで、現行法では、信託行為に別段の定めがあるときは、その定めに従うこととして、受託者の善管注意義務の規定が任意規定であることを明らかにしている（29条2項ただし書）。

なお、受託者に善管注意義務違反があるか否か、すなわち、受託者が「善良な管理者の注意」（同項本文）を尽くしたか否かは、その職業や地位にある

---

[1] 四宮和夫『信託法〔新版〕』247頁（有斐閣・2002年）、能見善久『現代信託法』75頁（有斐閣・2004年）等。
[2] このようなケースは、資産流動化案件等において信託財産を利害関係者の責任財産から隔離するための「ビークル」として信託が利用される場合（いわゆる受働信託の場合）に顕著に見られる。
[3] 例えば、年金信託などにおいては、受託者が一定の裁量をもって有価証券等に対して投資していくことが期待され、受託者に期待される役割は、個々の信託によって異なるのである。

者として通常要求される注意を尽くしたか否かが問題となり、一般に財産管理の専門家として通常要求される注意をもって、信託事務を処理したか否かが問われることとなる[4]。

しかしながら、受託者がこの善管注意義務に違反したか否かについては、受託者の行為時を基準として判断され、その時点において信託事務を処理するために必要な情報収集を行い、その時点において適切と考えられる判断を適切な手続において行ったかが問われることとなる。この判断に当たっては、信託事務の内容により受託者に広範な裁量が認められることもあり得よう。そして受託者は、善管注意義務を怠ったと認められた場合には、損失てん補責任（後記第3章、9参照）を負うことになる。

b 信託財産に属する金銭の管理方法（旧法21条）

旧法においては、信託財産に属する金銭の管理方法に関しては勅令をもって定めると規定され（旧法21条）、信託財産に属する金銭の運用は、信託行為で別段の定めがなされている場合を除き、郵便貯金、銀行預金等の方法でしなければならないものとされていた（大正11年勅令第519号）。

しかしながら、旧法は、いわゆる泡沫業者の取締りを目的として、信託業法と併せて立法されたという特殊な沿革等から、受託者の財産管理について一部過剰ともいえるような規制を課しており、旧法21条も今日においてはその存在理由は失われたとされていた。

現行法では、旧法21条に相当する規定は設けられておらず、帳簿上、管理されていれば足りるとされる。

3 信託会社の特例

信託業法において、信託会社は、信託の本旨に従い善良な管理者の注意を

---

[4] 受託者が実際にはそのような能力がないのに、自らには高い能力があると表示した上で、委託者と信託契約を締結したような場合には、その表示された能力をもって信託事務を処理すべきことが信託契約の内容となり、その表示された能力に応じた注意をもって信託事務を処理しなければならないものと解することもできよう。

もって信託業務を行わなければならないとされている（信託業法28条2項）。

　信託業法28条2項の善管注意義務については、いわゆる取締法規として、信託業者に対し、その善管注意義務を軽減することを禁止するものであると解されている（強行法規）。

　すなわち、信託法上の善管注意義務の規定は、任意規定とされているが、信託会社が受託者となる場合には、信託業法28条2項により、善管注意義務の規定は強行規定であるとされる。これは、信託会社と顧客の間の情報量・交渉力の格差にかんがみれば、善管注意義務の水準を当事者間の契約に全て委ねると、信託会社に不当に有利な契約となり、顧客保護が確保されない可能性があることなどに配慮したものであるとされている。

　なお、善管注意義務は、民事上の過失責任の前提となる注意義務の程度を示すものであるから、善管注意義務の前提となる信託業務、すなわち、信託事務の具体的内容・範囲についての信託契約上の定めは、合理的な範囲内であれば、信託業法上も有効であると考えられている[5]。

〔武智　克典〕

---

[5] 信託法改正に伴う信託業法の見直しについて（金融審議会金融分科会第二部会）。

3 忠実義務等

* 関連条文　30条ないし32条・40条3項

> **現行法のポイント**
>
> ➤ 受託者の一般的な忠実義務を定めるほか、利益相反行為及び競合行為の禁止の原則と例外の要件を明確に。

1 趣　　旨

　受託者の忠実義務とは、受託者が専ら受益者の利益のためにのみ行動しなければならない義務をいう。

　旧法は、受託者が信託財産を固有財産とし、又は信託財産につき権利を取得することを禁止しているが（旧法22条1項）、この規定は、受託者に忠実義務があることを前提として忠実義務に違反する行為を禁じているものであると解されていた[1,2]。しかしながら、このような規制では、明示的に禁止されている行為以外の行為により、受託者がその権限を濫用して受益者の利益を害した場合には、忠実義務違反を問うことができないのではないかとの指摘もされていた[3]。

　また、旧法22条1項は強行規定であり、受益者の承認があるような場合であっても裁判所の許可がなければその例外的な取扱いは認められないとの解釈が有力であったが[4]、忠実義務違反行為が禁止されるのは、受益者の利

---

[1] 四宮和夫『信託法〔新版〕』231頁（有斐閣・2002年）。
[2] 旧法がこのような規定を置いたのは、受託者は、委託者から信託財産の所有権の移転を受けて信託事務を処理することを責務とするところ、これらの行為を許容した場合には、かかる責務の違反を誘致すると考えられたためであるとされている。
[3] もちろん、受託者が権限を濫用して受益者の利益を害した場合には、別途、善管注意義務違反が問われる可能性があるのはいうまでもない。

益を保護するためであるから、受益者の利益が害されるおそれのない場合にまで一律に忠実義務違反行為を禁止する必要はなく、信託の内容を柔軟に定めることができなくなり、かえって受益者の利益を害するとの指摘もなされていた[5]。

そこで、現行法は、これらの問題点を踏まえて、受託者の忠実義務について、受益者の同意を得た場合などに例外を認めるなどしてその内容の柔軟化を図っている。

2 内　容

a　概　要

現行法は、受託者は、受益者のために忠実に信託事務の処理、その他の行為をしなければならないとして、忠実義務の原則を定める（30条）とともに、具体的に忠実義務の内容として受託者が禁じられる利益相反行為及び競合行為を定めている（31条・32条）。

b　利益相反行為（下記cの競合行為を除く。）の禁止

（a）原　則

忠実義務を遵守し、受託者は、専ら受益者の利益のために行動しなければならないことから、自己又は第三者の利益と受益者の利益とが相反する行為を行うことが禁止される。具体的には、次に掲げる行為が利益相反行為として禁止されている（31条1項）。なお、これらの取引は正当な対価をもって行われたか否かを問わず、受益者等の利益を害するおそれがあることから一律に禁止することとするものである。

---

[4] 前掲四宮・信託法234頁。
[5] なお、旧法22条1項ただし書は、裁判所が許可した場合に限り、受託者が信託財産を固有財産とすることを認めている。また、信託業法10条4項は、信託会社には信託法22条1項ただし書の規定を適用しないとし、信託業法10条5項において、極めて厳格かつ限定的な要件の下に信託財産の固有財産化を許容していたが（この場合には、裁判所の許可は不要）、平成16年の改正（平成16年法律第154号）により、これらの規定は削除された。

① 自己取引の禁止（31条1項1号）
　a　信託財産に属する財産を固有財産とすること
　　例）信託財産として管理していた不動産を受託者固有の財産としてしまうこと。
　b　信託財産に属する財産について固有財産に権利を帰属させること
　　例）信託財産として管理している株式について、その配当請求権を受託者固有の財産としてしまうこと
　c　受託者の固有財産に属する財産を信託財産とすること
　　例）受託者固有の財産として保有していた不動産を信託財産としてしまうこと。
　d　受託者の固有財産に属する財産について信託財産に権利を帰属させること
　　例）受託者の固有財産として管理している株式について、その配当請求権を信託財産としてしまうこと
② 信託財産間取引等の禁止（31条1項2号・3号）
　a　信託財産に属する財産を他の信託財産とすること
　　例）信託財産として管理していた不動産を他の信託財産としてしまうこと。
　b　信託財産に属する財産について他の信託財産に権利を帰属させること
　　例）信託財産として管理している株式について、その配当請求権を他の信託財産としてしまうこと
　c　信託事務の処理につき相手方の代理人としてその信託事務を行う行為
　　例）受託者として、信託財産で不動産を購入しようとする場合において、受託者が同時に売主の代理をすること
　（b）例　外
　利益相反行為が禁止されるのは、受益者の利益を保護するためであるから、受益者の利益が害されるおそれのない場合には、その禁止の例外が認められている。

具体的には、次の場合に利益相反行為の禁止の例外が認められている（31条2項）。

① 信託行為にその行為をすることを許容する定めがあるとき
　　信託契約等において、その利益相反行為を行うことがあらかじめ認められている場合である。

② 受託者がその行為について重要な事実を開示して、受益者の承認を得たとき
　　信託契約等において認められてはいないものの、受益者にその利益相反行為の内容を説明し、その理解を得た上で受益者の承認を得た場合である。

③ 相続その他の包括承継により、信託財産に属する財産に係る権利が固有財産に帰属したとき
　　相続や合併等の包括承継による場合は、利益相反行為が結果的に行われることとなっても、受託者による濫用のおそれが小さいことから認められている。

④ 受託者が当該行為をすることが目的を達成するために合理的に必要と認められる場合であって、受益者の利益を害しないことが明らかであるとき、又は当該行為の信託財産に与える影響、当該行為の目的及び態様、受託者と受益者の実質的な利害関係の状況、その他の事情に照らして正当な理由があるとき
　　受益者の同意等が得られていない場合であっても、受益者の利益を確保するなどの理由から利益相反行為を行う必要があることがあり得ることに配慮したものと考えられる。

(c) 重要な事実の通知

受託者は、利益相反行為をしたときは、信託法上認められる場合（前記(b)参照）であっても受益者に対し、当該行為についての重要な事実を通知しなければならない（31条3項本文）。もっとも、信託契約等によりこの通知を不要とすることは可能である（同項ただし書）。

c　競合行為の禁止

(a) 原　　則

受託者は、忠実義務の一環として、受託者として有する権限に基づいて信託事務の処理として行うことができる行為であって、これをしないことが受益者の利益に反する行為を、固有財産又は受託者の利害関係人の計算で行ってはならない（32条1項）。

受託者は、信託事務の処理に当たって、専ら受益者の利益のために行動しなければならないから、自己又は第三者の利益を図ることにより、受益者の利益を害することは許されない。例えば、信託の受託者として有価証券の投資をすることとされている場合において、さらに、自己の固有資産で有価証券の投資をしようとするときは、信託の受託者としての投資判断を優先させなければならず、自らの固有資産である有価証券を取得したことにより、信託の受託者としてその有価証券を取得することができないような事態を招いてはいけないのである。

(b) 例　　外

しかしながら、受託者の競合行為が禁止されるのは、それによって利益が害されるおそれのある受益者を保護するためである。それゆえ、受益者の利益が害されるおそれがない場合には、その禁止の例外が認められている。

具体的には、次の場合に、例外的に競合行為を行うことが認められている（32条2項）。

① 信託行為にその行為をすることを許容する定めがあるとき
　　信託契約等において、その競合行為を行うことがあらかじめ認められている場合である。
② 受託者がその行為について重要な事実を開示して、受益者の承認[6]を得たとき
　　信託契約等において認められてはいないものの、受益者にその競合行為の内容を説明し、その理解を得た上で受益者の承認を得た場合であ

---

[6] 受託者の承認には、個別の承認だけでなく、包括的な承認も含まれるものと解される。

(c) 重要な事実の通知

受託者は、競合行為をしたときは、信託法上認められる場合（前記 (b) 参照）であっても、利益相反取引と同様に受益者に対し、当該行為についての重要な事実を通知しなければならない（32条3項本文）。もっとも、利益相反行為と同様、信託契約等によりこの通知を不要とすることは可能である（同項ただし書）。

d　忠実義務に違反した行為の効果等

(a) 利益相反行為の禁止に違反した行為の効果

i　受託者との間における効果

現行法は、自己取引（31条1項1号）又は信託財産間取引（同項2号）に該当する行為が受託者内に留まる限りにおいて、当該行為を無効としている（同条4項）。この類型は、受託者が最も容易になし得る忠実義務違反の典型的な行為であるところ、これを無効とすることが、利益相反行為の抑止に資すると考えられたためである。

例えば、受託者が信託財産である動産Xを信託契約に違反して自己の財産とし、又は動産Xをその固有財産等と分別して管理することを止め、若しくは動産Xを自己の財産として利用、処分等をしようとした場合（以下「事例1」という。）が典型的な違反事例である。

事例1）

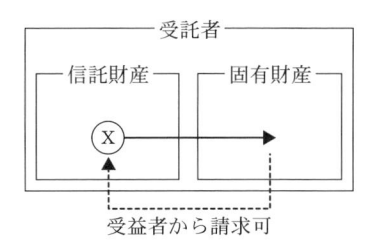

```
┌─────────受託者─────────┐
│ ┌信託財産┐    ┌固有財産┐│
│ │        │    │        ││
│ │  (X)───┼────┼───→    ││
│ │   ↑    │    │        ││
│ └───┼────┘    └────────┘│
└─────┼────────────────────┘
      └┄┄受益者から請求可
```

事例1′）

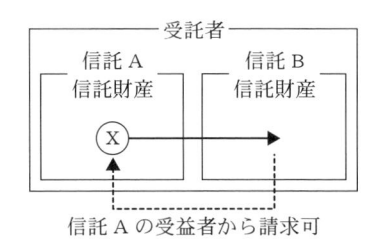

```
┌─────────受託者─────────┐
│ ┌信託A  ┐    ┌信託B  ┐│
│ │信託財産│    │信託財産││
│ │  (X)───┼────┼───→    ││
│ │   ↑    │    │        ││
│ └───┼────┘    └────────┘│
└─────┼────────────────────┘
      └┄┄信託Aの受益者から請求可
```

この事例において、受益者は、受託者に対して、動産Xが信託財産であると主張し、又は動産Xを受託者の固有財産等と分別して管理するよう請求することができる。

また、受託者が信託Aの信託財産である動産Xを信託契約に違反して信託Bの信託財産とした場合（事例1'）も、同様に、信託Aの受益者は、受託者に対し、信託Aの財産として分別して管理するよう請求することができる。

ⅱ 受益者の追認による瑕疵の治癒

現行法は、受益者が自己取引（31条1項1号）又は信託財産間取引（同項2号）に該当する行為を追認することができることとしている（同条5項）。受益者の追認により、受益者の利益と相反する行為の禁止に違反する行為は、その行為時に遡ってその効力を有することとなる（同条5項）。

ⅲ 第三者との間の効果

受託者が利益相反行為（自己取引（31条1項1号）又は信託財産間取引（同項2号））に該当する行為を行った後に、その行為により、受託者の固有財産又は別の信託の信託財産とされた財産又は権利について、受託者が更に第三者と取引をした場合には、その第三者が、その財産又は権利について利益相反行為がされていたことを知っていたか、又は知らなかったことについて重大な過失がある場合に限り、受託者と第三者との間の取引を取り消して第三者から財産又は権利を元の信託の信託財産に戻すことができるが、それ以外の場合には受託者と第三者との間の取引を取り消してその財産又は権利を取り戻すことができないこととしている（同条6項）。

事例1の場合において、受託者が動産Xを第三者（以下「転得者A」という。）に転売した場合（以下「事例2」という。）、受益者は、転得者が事例1の取引

が利益相反行為であることを知り、又は知らなかったことについて重大な過失がある場合に限り、受託者と転得者の間の取引を取り消すことができるにとどまる。もっとも、受託者と第三者との間の取引を取り消すことができなかった場合でも、受託者と受益者の関係では、利益相反取引は無効であるから、受益者は、受託者に対して、動産Xの売却代金が信託財産に属する旨主張をすることができる。

  iv 受託者と第三者との間の利益相反取引

　現行法は、受託者が不当な廉価で信託財産を第三者に売却するなどの利益相反行為を行った場合は、第三者の利益にも配慮し、前記iiiと同様の保護を図ることとした（31条7項）。

　例えば、受託者が信託財産である動産Yを信託事務として自らが懇意にしている第三者に不当な廉価で売却した場合（以下「事例3」という。）において、受益者は、第三者が、その取引が利益相反行為であることを知っていたか、又は知らなかったについて重大な過失がある場合に限り、その取引を取り消し、動産Yを信託財産に取り戻すことができる。

 （b）競合行為の禁止に違反する行為の効果

  i 第三者との間の効果

　競合行為の禁止に違反する取引は、受託者が自らの固有財産について取引を行ったものであり、その取引自体は有効である。

  ii 受益者の保護

　受託者が競合行為をした場合に、受益者が当該行為を信託財産のためにされたものとみなすことができると規定されている（32条4項本文）。

　競合行為の規制は、本来受益者の利益を優先し、信託のための取引として行われるべき取引が、受託者等のための取引として行われることを禁止しようとするものである。それゆえ、受託者が競合行為に該当する取引を行った場合には、その取引が信託財産のために行われたものとし、その効果を信託財産に帰属させることが、最も受益者の救済に資すると考えられる[7]。そこ

---

[7] 同様の制度として、旧商法上の介入権（旧商法264条3項）があるが、旧商法上の介入権は既に廃止されている。

で受益者は、その選択により、受託者に対して、競合行為の禁止に違反する取引の効果が信託財産に属することを主張することができるとされている。

もっとも、その取引による反対給付の履行ができない場合（限定責任信託において信託が破たんしている場合）など、受益者がこのような権限を行使することにより取引の相手方である第三者の利益を害する場合には、受益者はこの権限を行使することができない（32条4項ただし書）。

iii 消滅時効

前記iiの権利は、受託者が競合行為の禁止に違反する行為をしたときから起算して1年を経過した場合には、時効により消滅し、受益者はその権利を行使することができなくなる（32条5項）。

（c）忠実義務違反行為による損失の推定

英米法では、受託者は、信託行為の定めに違反して信託財産を処分し、自らが利益を上げたり、信託事務を処理するに当たって手数料を得たりした場合には、その利益を信託財産に返還しなければならないこととされている。

旧法においては、受益者は、損失が生じた場合には、受託者に対してその損失のてん補を追及することができるとされていた（旧法27条）。しかしながら、受託者により忠実義務に違反する行為が行われた場合において、受益者が信託財産に生じた損害の具体的な額、特に逸失利益（忠実義務に違反する行為がなかったならば得られたであろう利益）を立証することは、必ずしも容易ではない。

そこで、現行法は、損失の額を推定する規定を新設し、受益者は、受託者が忠実義務の禁止に違反する行為をした場合には、その行為によって受託者又はその利害関係人が得た利益と同額の損失が信託財産に生じたものと推定することとしている（40条3項）。

現行法は、受託者が忠実義務に違反した場合の損失のてん補について、実際に生じた損失の額をてん補させることとしつつ、このような損失の額の推定規定を設けることにより、損失の額の立証を容易にすることにより、受託者に対して忠実義務を遵守させようとしていると評価することもできよう。

③ 業法の関連規定

　信託業法では、信託会社は、受益者のために忠実に信託業務を行わなければならないとされている（信託業法28条1項）。
　信託業法において禁止されている利益相反取引を整理すると次のとおりとなる（信託業法29条2項）。

a	自己取引の禁止	自己又はその利害関係人（株式の所有関係又は人的関係において密接な関係を有する者として政令で定める者をいう。）と信託財産との間における取引
b	信託財産間取引等の禁止	i　一の信託の信託財産と他の信託の信託財産との間の取引 ii　第三者との間において信託財産のためにする取引であって、自己が当該第三者の代理人となって行うもの

　なお、信託業法上、利益相反行為として許される行為であるか否かについては、内閣府令において規定が設けられているものも少なくないが、信託法と信託業法における利益相反行為の類型を整理すると次頁以下の表のとおりとなる。

〔武智　克典〕

＜利益相反取引の制限＞

	信託法	信託業法
制限される利益相反行為	① 信託財産・固有財産間の取引 信託財産に属する財産（当該財産に係る権利を含む。）を固有財産に帰属させ、又は固有財産に属する財産（当該財産に係る権利を含む。）を信託財産に帰属させること 信託財産に属する財産（当該財産に係る権利を含む。）を他の信託の信託財産に帰属させること。 第三者との間において信託財産のためにする行為であって、自己が当該第三者の代理人となって行うもの	① 信託財産・固有財産間の取引 自己又はその利害関係人（株式の所有関係又は人的関係において密接な関係を有する者として政令で定める者をいう。）と信託財産との間における取引 一の信託の信託財産とそれ以外の信託の信託財産との間の取引 第三者との間において信託財産のためにする取引であって、自己が当該第三者の代理人となって行うもの
	② 固有財産と信託財産との間で利益が相反する信託財産による取引 信託財産に属する財産につき固有財産に属する財産のみをもって履行する責任を負う債務に係る債権を被担保債権とする担保権を設定することその他第三者との間において信託財産のためにする行為であって受託者又はその利害関係人と受益者との利益が相反することとなるもの	② 固有財産と信託財産との間で利益が相反する信託財産による取引 該当なし
	③ 信託財産に関する情報を利用した固有財産による取引 該当なし	③ 信託財産に関する情報を利用した固有財産による取引 信託財産に関する情報を利用して自己又は当該信託財産に係る受益者以外の者の利益を図る目的をもって取引を行うこと。
	④ 競合取引 受託者は、受託者として有する権限に基づいて信託事務の処理としてすることができる行為であってこれをしないことが受益者の利益に反するものについては、これを固有財産又は受託者の利害関係人の計算でしてはならない。	④ 競合取引 該当なし

制限される利益相反行為を行うための要件	① 信託財産・固有財産間の取引 ② 固有財産と信託財産との間で利益が相反する信託財産による取引 信託行為に当該行為をすることを許容する旨の定めがあるとき。 受託者が当該行為について重要な事実を開示して受益者の承認を得たとき（信託行為において受益者の承認を得ても当該行為を行うことができない旨の定めがある場合を除く。）。 相続その他の包括承継により信託財産に属する財産に係る権利が固有財産に帰属したとき。	① 信託財産・固有財産間の取引 信託行為において当該取引を行う旨及び当該取引の概要について定めがあり、又は、当該取引に関する重要な事実を開示してあらかじめ書面等による受益者の承認を得た場合（当該取引をすることができない旨の信託行為の定めがある場合を除く。）であり、かつ、受益者の保護に支障を生ずることがない場合として内閣府令で定める場合 ③ 信託財産に関する情報を利用した固有財産による取引 取引の相手方と新たな取引を行うことにより自己又は信託財産に係る受益者以外の者の営む業務による利益を得ることを専ら目的としているとは認められない取引 第三者が知り得る情報を利用して行う取引 当該信託財産に係る受益者に対し、当該取引に関する重要な事実を開示し、書面による同意を得て行う取引 その他信託財産に損害を与えるおそれがないと認められる取引
	④ 競合取引 信託行為に当該行為を固有財産又は受託者の利害関係人の計算ですることを許容する旨の定めがあるとき。 受託者が当該行為を固有財産又は受託者の利害関係人の計算ですることについて重要な事実を開示して受益者の承認を得たとき（信託行為において受益者の承認を得ても当該行為を行うことができない旨の定めがある場合を除く。）。	

4 公平義務

* 関連条文 33条・44条2項

> **現行法のポイント**
> ➢ 受託者の公平義務の内容及び効果を明らかに。

1 趣　旨

　受託者の公平義務とは、一つの信託に複数の受益者がいる場合に、受託者は、これらの受益者を公平に扱わなければならないという原則である。

　旧法には、受託者が公平義務を負うことを明らかにした規定は存在しなかったが、受託者が公平義務を負うことは、英米法では確立された原則であるといわれており、担保付社債信託法（明治38年3月13日法律第52号）には公平義務について規定が設けられており（68条1項参照）、信託において、受託者が公平義務を負うことは、旧法の下においても、解釈上特に争いがなかった[1]。

　そこで、現行法は、受託者の公平義務に関する規定を設け、公平義務の内容及び効果を明らかにしている。

2 内　容

　現行法は、受益者が2人以上ある信託において、受託者がこれらの受益者のために公平にその職務を行わなければならないと規定している（33条）。

---

[1] 四宮和夫『信託法〔新版〕』249頁（有斐閣・2002年）、新井誠『信託法〔第2版〕』（有斐閣・2005年）等。

そして、現行法では、受託者が公平義務に違反する行為をし、又はそのおそれがある場合において、当該行為によって一部の受益者に著しい損害が生ずるおそれがあるときは、その受益者は、受託者に対して、当該行為の差止めを求めることができるとされている（44条2項）。

なお、この公平義務については、信託会社が行う営業信託についても特に条例は設けられていない。

〔武智　克典〕

5 分別管理義務

* 関連条文 34条・40条4項

> **現行法のポイント**
> ➢ 財産の種類ごとに、分別管理の方法を明確に。
> ➢ 分別管理の緩和が認められる要件を明確に。

1 趣　旨

　旧法28条は「信託財産ハ固有財産及他ノ信託財産ト分別シテ之ヲ管理スルコトヲ要ス但シ信託財産タル金銭ニ付テハ各別ニ其ノ計算ヲ明ニスルヲ以テ足ル」と規定し、信託財産について、①受託者の固有財産から分別するとともに②他の信託財産からも分別して管理しなければならないと規定していた。

　この分別管理義務についての規定は、信託契約等において加重又は軽減することができる任意規定であるか、そのような加重・軽減が許されない強行規定であるかについては解釈上必ずしも明らかではなく、受託者の固有財産からの分別は強行規定であるが、他の信託財産からの分別は任意規定とする見解も有力であった[1]。

　現行法は、旧法と同様に、信託財産について①受託者の固有財産から分別するとともに②他の信託財産からも分別しなければならないこととしている。そして、信託行為の別段の定めがあるときは、原則として分別管理の義

---

[1] 四宮和夫『信託法〔新版〕』220頁（有斐閣・2002年）。

務を軽減することができる（任意規定）こととしている（34条1項本文ただし書）。

なお、旧法においては、信託の登記又は登録をすべき財産であっても、信託契約上の合意において登記又は登録を省略することができるとする解釈もあったが、現行法は、信託の登記又は登録をすべき財産については、これらの登記又は登録により分別管理をしなければならないとしている。

2 内　容

a　分別管理の方法（34条1項）

受託者が負っている分別管理義務の内容として、どのように分別管理を行うべきかについては、信託財産の種類に応じて、次頁の表のとおり定められている。

分別管理義務については、信託の登記又は登録をすべき財産を除き、信託契約等の信託行為においてその軽減を図ることができる、任意規定であるとされている。

しかしながら、分別管理が全く行われておらず、受託者の固有財産であるのか、信託財産であるのかの判別ができないような状況になっている場合には、万が一、受託者の債権者から信託財産に対して権利行使がされた場合であっても、信託財産である旨の主張ができないこととなってしまい、信託の倒産隔離機能が全く機能しないこととなってしまうばかりか、信託財産としての管理が曖昧なものとなり受託者の忠実義務違反行為を招くことにもなりかねない。したがって、分別管理義務は、どのような信託においても、必要な限度において果たされなければならない義務であるといわれている。

すなわち、あくまでも分別管理義務が任意規定であるとの趣旨は、信託契約等において分別管理義務を免除することができることを意味するのではなく、分別管理方法を信託契約等において定めることができることを意味するにとどまることに留意が必要である。

これに対し、信託の登記又は登録をすべき財産については、原則として登

記又は登録をすることにより分別管理を行わなければならず、信託契約等においてこれを完全に免除することはできないとされている。

分別管理の方法

① 信託の登記又は登録をすることができる財産[2]（③を除く。）		当該信託の登記又は登録	強行規定
② 信託の登記又は登録をすることができない財産（③を除く。）	（ⅰ）動産	固有財産、他の信託財産と、外形上区別することができる状態で保管する方法	任意規定
	（ⅱ）金銭、その他（ⅰ）以外の財産	その計算を明らかにする方法	
③ 法務省令で定める財産（＊）		法務省令で定める方法（＊＊）	

（＊）法務省令で定める財産とは、「法第206条第1項その他の法令の規定により、当該財産が信託財産に属する旨の記載又は記録をしなければ、当該財産が信託財産に属することを第三者に対抗することができないとされているもの（法第14条の信託の登記又は登録をすることができる財産を除く。）とする」とされている（信託法施行規則4条1項）。
　そして、この「その他の法令の規定」によるものとしては、（ⅰ）株券発行会社を除く株式会社の株式（会社法154条の2）、（ⅱ）証券発行新株予約権又は証券発行新株予約権付社債に付された新株予約権を除く新株予約権（会社法272条の2）、及び（ⅲ）社債券を発行する旨の定めがある社債を除く社債（会社法695条の2）が挙げられる。
　（＊＊）法務省令で定める方法とは、「法第206条第1項その他の法令の規定に従い信託財産に属する旨の記載又は記録をするとともに、その計算を明らかにする方法とする」とされている（信託法施行規則4条2項）。

b　信託の登記又は登録をすることができる財産の分別管理

　受託者は、信託の登記・登録をすべき財産については、信託行為の定めに関わらず、分別管理義務として、信託の登記又は登録をしなければならないものとされる。

　なお、登記又は登録に費用がかかることなどから、信託契約において、信託の設定時には登記又は登録を留保し、受託者が経済的窮境に陥った場合など一定の事由が生じた場合にのみ登記又は登録がされることを予定しておく

---

[2] 登記・登録可能な財産全てが信託の登記・登録が可能というわけではない点は留意が必要である。例えば、自動車や飛行機は、登録制度はあるものの信託の登録は出来ない。

ことも少なくない。このように、信託契約上、一定の留保はあるものの、登記又は登録すべき義務が課されている以上、このような信託契約上の規定は有効であると解されている。

c 合同運用

旧法下においては金銭について、帳簿上、分別管理がされている場合に限り合同運用が許容されていた。

現行法の下では、金銭等の財産については、その計算を帳簿上明らかにすることができれば分別管理をしていることになり、合同運用も許されることとなる。

一般に、受託者が信託行為の定めがないにもかかわらず合同運用をした場合において、合同運用が受託者の善管注意義務違反の行為となるかは、個別の信託ごとにその行為が信託目的の達成のために必要な行為に該当するか否かによって決せられるべき問題であるが、一般に、合同運用を行うことは、規模の利益を追求し、また、リスクの平準化を図ることができる点において、受益者の利益に資することも少なくないから、合同運用をしたことそれ自体が一律に善管注意義務違反の行為に該当するとはいい難いとされる。

また、合同運用が忠実義務違反の行為となるかについても忠実義務の一般論から決せられるべき問題であり、合同運用を行うこと自体が一律に忠実義務違反の行為に該当し、又は該当しないと決せられるものではないとされる。

3 信託業法との関係

旧信託業法は、28条3項及び同施行規則39条において、①受託者の固有財産から分別するとともに②他の信託財産からの分別して管理をすることができる体制の整備が求められていた。この体制の整備の内容については信託法の分別管理事務の解釈と同様に必ずしも明確ではなかった。

しかしながら、現行法の下では、受託者は「信託法第34条の規定に基づき信託財産に属する財産と固有財産及び他の信託の信託財産に属する財産と

を分別して管理するための体制」(信託業法28条3項)を整備しなければならないものとし、信託法の規律と整合性のとれたものとなっている[3]。

〔小室　太一〕

---

[3] 金融審議会金融分科会第二部会「信託法改正に伴う信託業法の見直しについて」において、「分別管理義務は、信託財産の倒産隔離機能の確保や、受託者の忠実義務の履行を担保する観点からも重要であり、信託業法においても、信託会社に対して、信託財産の分別管理のための体制を整備する義務を課すことを維持することが適当と考えられる」としている。一方で、「他方、信託法上、受託コストの軽減の観点から、動産・有価証券等については、物理的分別管理の代替として帳簿上の管理を認めることが検討されているが、帳簿上の管理による場合でも財産滅失の際には固有財産・信託財産で損失を按分することができ、物理的分別の場合と同様に倒産隔離機能が働くことを踏まえ、信託業法においてもこうした措置を認めることができるものと考えられる」とされている。

6 信託事務の処理の委託

＊ 関連条文　28条・35条・40条2項

> **現行法のポイント**
>
> ➢ 信託事務の処理を委託することができる要件の緩和。
> ➢ 委託先について受託者が負う責任の範囲を一部限定的に。

1 趣　旨

　旧法は、信託は、受託者に対する個人的・主観的信頼を基礎とする財産管理制度であるとして、受託者自らが信託事務を処理しなければならないものとし、①信託行為に別段の定めがある場合と、②やむを得ない事由がある場合に限り、受託者が他人に対して信託事務の処理を委託することができることとしていた（旧法26条1項。自己執行義務）。

　これに対し、現行法は、受託者が自ら信託事務を行うことを一応の前提としつつも、受託者は、信託行為の定めによる場合その他他人に信託事務の処理を委託することが信託目的に照らして相当である場合には、その処理を委託することができることとし、旧法と比べて、信託事務の処理を他人に委託することができる要件を緩和している。

　これは、信託法が制定された当時に比して、社会の分業化・専門化が進んだ現代社会においては、信託事務のすべてを受託者が処理することを前提とするのは現実的ではなく、むしろ、他人に対して信託事務の処理の一部を委託した方がより望ましいと考えられたからである。

6 信託事務の処理の委託

2 内　容

a　委託の要件

受託者は、次のとおり、信託事務の処理を第三者に委託することができるとしている（28条）。

信託事務の処理

信託行為の定め	委託可能な範囲
信託行為に①信託事務の処理を第三者に委託する旨、又は、②委託することができる旨の定めがある場合	信託行為に定められた範囲で委託可能。
信託行為に信託事務の処理の第三者への委託に関する定めがない場合	信託事務の処理を第三者に委託することが信託の目的に照らして相当であると認められるときは、委託可能。
信託行為に信託事務の処理を第三者に委託してはならない旨の定めがある場合	信託事務の処理を第三者に委託することにつき信託の目的に照らしてやむを得ない事由があると認められるとき。

「信託事務の処理を第三者に委託することが信託の目的に照らして相当であると認められるとき」（28条2号）とは、①信託事務の性質上、受託者自らが処理するよりもより高い能力を有する専門家を使用した方が適当であると考えられる場合（例えば、外貨建資産の運用における特定の地域・通貨に関わる投資の委託）や、②特に高度な能力を要しない信託事務ではあるものの受託者が自ら行うよりも他人に委託した方が費用や時間などの点で合理的な場合（例えば、受益者に対する信託財産の状況に関する報告書の送付事務の委託）等をいうものと考えられる。

b　信託事務の処理の委託に関する損失てん補責任（35条2項）

前記のとおり、信託事務を第三者に委託することができる要件を緩和したことに伴い、委託先について受託者が負う責任の範囲も適切なものに改めら

れた。

　受託者は、信託事務の処理を第三者に委託するときは、信託の目的に照らして適切な者に委託しなければならないとして選任責任を負い (35条1項)、さらに、受託者は、その委託先に対し、信託の目的の達成のために必要かつ適切な監督を行わなければならないとして監督責任を負っている (35条2項)[1]。

　これに対し、受託者が信託事務の処理を①信託行為において指名された第三者、又は、②信託行為に基づいて委託者又は受益者により事後的に指名された第三者に委託したときは、このような選任や監督についての責任を負わないとされる (35条3項)。ただし、受託者は、その第三者が不適任若しくは不誠実であること又はその第三者による事務の処理が不適切であることを知ったときは、その旨の受益者に対する通知、その第三者への委託の解除その他の必要な措置をとらなければならないとされている[2] (35条3項ただし書)。

c　28条違反の場合の受託者の責任 (40条2項)

　受託者が28条の規定に違反して信託事務の処理を第三者に委託した場合において、信託財産に損失又は変更を生じたときは、受託者は、第三者に委託をしなかったとしても損失又は変更が生じたことを証明しなければ、前項の責任を免れることができない (40条2項)。すなわち、他人への信託事務の委託が信託行為の定めによって禁止され、又は信託目的に照らして相当では

---

[1] 旧法26条3項は、「受託者ニ代リテ信託事務ヲ処理スル者ハ受託者ト同一ノ責任ヲ負フ」として、受益者保護の観点から、受任者に対して受託者と同一の責任を課していた。基本的には受益者保護に厚い規定といえるが、「受託者ト同一ノ責任」の内容については解釈が分かれており、その範囲も不明確であった。受任者としてみても、委任契約等に基づく契約責任とは別個の予想外の法定責任を課されるものであるとも考えられた。

　そこで現行法では、旧法における受任者の責任に関する規定 (旧法26条3項) を削除した。今後は、受任者の責任は、受託者と受任者との間の委任契約に基づいて受託者が追及すべきことになる。ところで、信託業法22条3項の規定は、旧法26条3項と類似する規定であり、信託業務の委託を受けた第三者は、信託財産に対し善管注意義務、忠実義務を負うとする規定は一部残存している。

[2] 信託契約等又は受益者等の指図により信託事務を委託した場合の受託者の責任については、信託契約等により軽減・免除することができる任意規定であると解されている。

ない場合においては、受託者は、受任者の故意又は過失によって生じた損害のほか、当該受任者の故意又は過失によらずに生じた損害についても責任を負い、これが信託事務の委託に係る義務違反がなくても生じたものであることを主張立証した場合に限り、その責任を免れることができる。

3 信託業法との関係

a 業務委託をできる範囲の拡大

旧信託業法22条1項は、信託業務の委託について厳格な規制を設けており、信託会社が信託業務の委託をすることをするに当たっては、①委託を行う旨が信託契約で明らかにされていること、②委託先が、委託された委託業務を的確に遂行することができるものであること、③委託先が分別管理義務、帳簿備置義務及び報告義務を負っていることや、解除についての規定等が委託契約において定められていることが必要であるとされていた。しかしながら、信託法において信託事務の委託の要件が緩和されたことを受け、前記③の委託契約上の条件は不要とされている。

また、①保存行為に当たる信託事務の委託の場合、②管理行為に当たる信託事務の委託の場合及び③その他受益者の保護に支障を生ずることがないと認められるものとして内閣府令で定めるものにおいては、次頁の表のとおり、委託する際の要件がさらに緩和され、あらかじめ信託契約に定めておかなくてもよいこととされている（信託業法28条・29条）。

信託業法の規定

委託する行為の性質	信託業務の委託を信託行為に規定すること	委託先の選定基準	委託先の監督
保存行為	不要	不要	必要
管理行為			
内閣府令で定めるもの（＊）			
処分行為	必要	必要	

（＊）内閣府令で定めるものとは、（ⅰ）信託行為に信託会社が委託者又は受益者（これらの者から指図の権限の委託を受けた者を含む。）のみの指図により信託財産の処分その他の信託の目的の達成のために必要な行為に係る業務を行う旨の定めがある場合におけるそれらの業務、（ⅱ）信託行為に信託業務の委託が信託会社（信託会社から指図の権限の委託を受けた者を含む。）のみの指図により委託された信託財産の処分その他の信託の目的の達成のために必要な行為に係る業務を行う旨の定めがある場合におけるそれらの業務、及び（ⅲ）信託会社が行う業務の遂行にとって補助的な機能を有する行為（信託業法施行規則29条）である。

b 業務委託についての責任の範囲の適正化

信託会社は、信託業務の委託先が委託を受けて行う業務につき受益者に加えた損害を賠償する責任を負うこととし、信託会社が委託先の選任につき相当の注意をし、かつ、委託先が委託を受けて行う業務につき受益者に加えた損害の発生の防止に努めたときに限りその責任を免れることとされている。このただし書の免責規定については、前述のとおり、民法上の使用者責任においては事実上無過失責任に近い運用がなされていることから、本条ただし書の免責されることは困難であると解されていた[3]。

しかしながら、信託法において受託者の委託先への責任が軽減されたことを受け、次の表に掲げる場合には受託者の委託先への責任を軽減している[4]。

---

[3] 高橋康文『詳解 新しい信託業法』114頁（第一法規・2005年）。
[4] 「信託法改正に伴う信託業法の見直しについて」においては「委託先の行為に係る信託会社の損害賠償責任については、信託業務は委託者・受益者が信託会社への信頼に基づいて運用管理を行なわせるものであることを踏まえ、信託会社には委託先の行為について厳格な損害賠償責任が課されているが、今後とも、受益者等の保護を最終的に担保する観点からは、例えば委託先が自らの関係者を委託先に指名した場合や受益者の指図がある場合など限られた場合を除き、この枠組みは維持することが適当と考えられる。」とされている。

業務委託の賠償義務

委託の条件	委託の方法	例外
信託行為において指名された第三者に信託業務を委託する旨の定めがある場合（＊）	信託行為で指名された第三者に委託した場合	信託会社が当該委託先が不適任若しくは不誠実であること又は当該委託先が委託された信託業務を的確に遂行していないことを知りながら、受益者等に対するその旨の通知、委託先への委託の解除その他の必要な措置を採ることを怠ったときは、なお責任を負う。
信託行為において信託会社が委託者の指名に従い信託業務を第三者に委託する旨の定めがある場合（＊）	委託者により指名された第三者に委託した場合	
信託行為において信託会社が受益者の指名に従い信託業務を第三者に委託する旨の定めがある場合	受益者により指名された第三者に委託した場合	

（＊）ただし、株式の所有関係又は人的関係において、委託者と密接な関係を有する者として政令で定める者に該当し、かつ、受託者と密接な関係を有する者として政令で定める者に該当しない者に限られる。

〔小室　太一〕

7　帳簿作成義務等

＊　関連条文　36条～38条

> 現行法のポイント
>
> ➣　受託者による財産状況開示資料の作成・報告が必要に。
> ➣　信託帳簿、財産状況開示資料、信託事務処理に関する書類等の保存が必要に。
> ➣　受益者等による書類等の閲覧請求を適切な範囲において可能に。

1　趣　旨

　旧法39条は、受託者による信託事務が適切に遂行されることを担保することを目的として、受託者に対し、帳簿を備えて、信託事務の処理及び計算を明らかにするとともに、毎年1回、一定の時期に財産目録を作成する義務を課していた。

　また、旧法40条は、信託の利害関係人に対し、受託者に信託の帳簿、財産目録等の書類の閲覧を請求する権利を認め、委託者及び受益者に対し、受託者に信託事務の処理について説明を請求する権利を認めることにより、受託者の実効的な監督を図っていた。

　ただ、これら旧法の規定は、内容が不明確であったり、受託者からの情報開示によってかえって受益者の利益が害されたりする場合があること等が指摘されていた。

　そこで、現行法では、受託者による適切な信託事務の遂行の担保と受益者による監督の実効性確保の観点から必要であると認められる範囲において、36条から38条において委託者の受託者に対する報告請求権、受託者による

書類の作成、報告及び保存の義務、受益者等の受託者に対する書類の閲覧請求権等をより具体的に規定している。

2 内　容

a　帳簿等の作成義務について（37条1項・2項）

（a）概　要
受託者は、次の各書類を作成しなければならない。

作成書類

書類の種類	作成時期
（信託帳簿） 信託計算規則で定める信託財産に係る帳簿その他の書類又は電磁的記録（37条1項）	日常的
（財産状況開示資料） 貸借対照表、損益計算書その他の信託計算規則で定める書類又は電磁的記録（37条2項）	毎年1回、一定の時期

（b）信託帳簿の作成義務（37条1項）

i　概要
　受託者は、信託事務に関する計算並びに信託財産に属する財産及び信託財産責任負担債務の状況を明らかにするため、信託計算規則で定めるところにより、信託財産に係る帳簿その他の書類又は電磁的記録（以下「信託帳簿」という。）を作成しなければならない（37条1項）。
　現行法においては、管理型信託等、会計実務で「帳簿」として作成される仕訳帳、総勘定元帳など金銭の収支や物品の出し入れに関する書類を備えるまでの必要がないことも想定されるため、必ずしも、いわゆる「帳簿」を常に作成する必要がないことを明らかにしたものである。
　なお、受益者の信託帳簿の閲覧請求権（38条）は、信託行為（信託契約等）によって制限することができないこととされていることにかんがみると（92

条8号)、前提として受託者の信託帳簿の作成義務を信託行為により排除することはできないと解される。ただし、前記のとおり、どのような帳簿を備えるべきかについては信託の目的に応じて柔軟に決定することができると解される。

　　ⅱ　**信託帳簿**（信託計算規則4条・5条）

　信託帳簿は、一つの書面その他の資料として作成する必要はなく、他の目的で作成された書類又は電磁的記録をもって信託帳簿とすることが可能であり、作成に当たって信託行為（信託契約等）の趣旨をしん酌しなければならないことだけが定められている（信託計算規則4条2項・6項）。信託事務に関する計算並びに信託財産に属する財産及び信託財産責任負担債務の状況を明らかにするために必要な書類又は電磁的記録は、信託の目的や内容等によって異なると考えられ、信託帳簿の範囲は、信託行為の趣旨をしん酌して信託ごとに判断されることになる。

　しかし、例外として、以下の信託については、信託計算規則6条から11条までに定められる信託財産の評価方法等に基づき作成される会計帳簿を信託帳簿として作成しなければならないとされる。これらの信託については、債権者や受益者などの利害関係人を保護すべき必要性が高いと考えられるからである。

・限定責任信託（222条1項）

・以下のいずれの要件をも満たす信託（信託計算規則5条）

（ⅰ）信託の受益権が性質上譲渡が制限されず、譲渡が制限されていないこと。

（ⅱ）第三者の同意又は承諾を得ることなく信託財産に属する財産のうち主要なものの売却若しくは信託財産に属する財産の全部若しくは大部分の売却又はこれに準ずる行為を行う権限を受託者が信託行為によって有していること。

　（c）**財産状況開示資料**（37条2項）

　　ⅰ　概要

　受託者は、毎年1回、一定の時期に、信託計算規則で定めるところにより、貸借対照表、損益計算書その他の法務省令で定める書類又は電磁的記録

(以下「財産状況開示資料」という。）を作成しなければならない（37条2項）。なお、「毎年1回、一定の時期」とは、少なくとも1年に1回作成する義務を負うことを意味するにすぎず、1年よりも短い期間ごとに作成することも妨げられない。

　旧法は、「財産目録」の作成を受託者に義務づけていた（旧法39条2項）が、信託には財産目録によって信託の状況を把握できる管理型信託のようなものだけでなく、運用型信託のように、損益計算書や貸借対照表に準じるような書類がなければ信託の状況を把握できない信託もあることから、現行法においては受託者に毎年1回一定の時期に上記財産状況開示資料の作成を義務付けている。

　なお、受託者の財産状況開示資料の作成義務を免除した場合には、受益者の受託者に対する信託財産に属する財産及び信託財産責任負担債務の状況についての報告請求権（92条7号・36条）が機能しないこととなるため、かかる報告請求権の確保の観点から、受託者の財産状況開示資料の作成義務を信託行為により排除することはできないと解される。

　ⅱ　**財産状況開示資料**（222条1項・2項、信託計算規則5条・6条、第3章）

　財産状況開示資料は、信託財産に属する財産及び信託財産責任負担債務の概況を明らかにするものでなければならないこと、信託帳簿に基づいて作成されなければならないこと及び作成に当たって信託行為の趣旨をしん酌しなければならないことだけが定められている（信託計算規則4条4項・6項）。信託法37条2項は、「貸借対照表、損益計算書その他の法務省令で定める書類又は電磁的記録」と規定するが、貸借対照表、損益計算書は例示であり、必ずしも貸借対照表、損益計算書の形式をとらなくても構わないこととされており、信託財産に属する財産及び信託財産責任負担債務の概況を明らかにする書類又は電磁的記録は、信託の目的や内容等によって異なると考えられ、信託行為の趣旨をしん酌して信託ごとに判断されることになる。

　しかし、信託帳簿と同様、以下の信託については例外が定められており、信託計算規則12条から23条に従い作成される貸借対照表、損益計算書及び信託概況報告並びにこれらの付属明細書をもって受託者が作成すべき財産状況開示資料とされる。

・限定責任信託（222条1項・4項、信託計算規則12条2項）
・以下のいずれの要件をも満たす信託（信託計算規則5条・12条2項）
（ⅰ）信託の受益権が性質上譲渡が制限されず、譲渡が制限されていない
（ⅱ）第三者の同意又は承諾を得ることなく信託財産に属する財産のうち主要なものの売却若しくは信託財産に属する財産の全部若しくは大部分の売却又はこれに準ずる行為を行う権限を受託者が信託行為によって有している

なお、財産状況開示資料を作成する際には、信託の会計は、一般に公正妥当と認められる会計の慣行に従うことが必要となる（信託計算規則13条）。

b　帳簿等の保存義務について

（a）概　　要

受託者は、以下のような帳簿等の保存義務を負う。

保存義務

保存すべき書類等	保存期間
信託帳簿（37条4項）	（原則） 作成の日から10年間 （例外） 作成の日から10年間経過前に信託の清算が結了したときはその日まで
財産状況開示資料（37条6項）	（原則） 信託の清算が結了する日までの間 （例外） 作成の日から10年間を経過した後において、全ての受益者（信託管理人がいる場合には信託管理人）に対して、財産状況開示資料若しくはその写しを交付し、又は当該電磁的記録に記録された事項を信託計算規則で定める方法により提供したときは、そのときまで。

受託者が作成し又は取得した、信託財産に属する財産の処分に係る契約書その他の信託事務の処理に関する書類又は電磁的記録（信託事務の処理に関する書類等）（37条5項）	（原則） 作成又は取得の日から10年間 （例外） 全ての受益者（信託管理人がいる場合には信託管理人）に対して、それらの書類若しくはその写しを交付し、又は当該電磁的記録に記録された事項を信託計算規則で定める方法により提供したときは、そのときまで。

（b）信託帳簿の保存義務（37条4項）

受託者は、信託帳簿を作成した場合、それぞれについて、作成の日から10年間[1]又は作成の日から10年間経過前に信託の清算が結了したときはその日までの間保存しなければならない（37条4項）。なお、信託帳簿を書類で作成した場合に、スキャナ又はこれに準ずる画像読取装置により読み取り作成した電磁的記録によって保管することもできる（37条4項、信託法施行規則26条）。

ただし、全ての受益者（信託管理人がいる場合には信託管理人）に対して、信託帳簿若しくはその写しを交付し、又は当該電磁的記録に記録された事項を法務省令で定める方法により提供したときは、受託者は上記保存義務を免れることになる（37条4項ただし書、信託法施行規則27条）[2]。

なお、信託帳簿の作成義務が信託行為によって制限できないのと同様、受託者の上記保存義務についても信託行為により排除することはできないと解される。

（c）財産状況開示資料の保存義務（37条6項）

受託者は、財産状況開示資料を作成した場合、信託の清算が結了する日までの間[3]保存しなければならない（37条6項）。なお、財産状況開示資料を書類で作成した場合に、スキャナ等の画像読取装置により読み取り作成した電磁的記録によって保管することもできる（37条6項、信託法施行規則26条）。

ただし、作成の日から10年間を経過した後において、全ての受益者（信

---

[1] 受託者の任務違反行為による損失てん補責任等に係る債権の消滅時効期間が原則として10年とされていること（43条）などを考慮して、書類を作成した時から10年間保存すべきものとしている。
[2] 非営業信託の受託者に10年間の保存義務を課すことは酷であることからかかる例外が規定された。

託管理人がいる場合には信託管理人）に対して、財産状況開示資料若しくはその写しを交付し、又は当該電磁的記録に記録された事項を信託計算規則で定める方法により提供したときは、受託者は上記保存義務を免れることになる（37条6項ただし書、信託法施行規則27条）。

　旧法においては、受託者が作成義務を負っていた財産目録について保存義務を定める規定は存在しなかったが、現行法において受託者による財産状況開示資料の保存義務が新設されたものである。

　なお、財産状況開示資料の作成義務が信託行為によって制限できないと解されるのと同様、受託者の財産状況開示資料の保存義務についても信託行為により排除することはできないと解される。

（d）信託事務の処理に関する書類等の保存義務（37条5項）

　受託者は、自ら作成し又は取得した、信託財産に属する財産の処分に係る契約書その他の信託事務の処理に関する書類又は電磁的記録（以下「信託事務の処理に関する書類等」という。）を作成若しくは取得の日から10年間又は作成若しくは取得の日から10年間経過前に信託の清算が結了したときはその日までの間保存しなければならない（37条5項）。なお、信託事務の処理に関する書類は、スキャナ等の画像読取装置により読み取って作成した電磁的記録によって保管することもできる（37条5項、信託法施行規則26条）。

　ただし、全ての受益者（信託管理人がいる場合には信託管理人）に対して、信託事務の処理に関する書類等若しくはその写しを交付し、又は当該電磁的記録に記録された事項を信託行為で定める方法により提供したときは、受託者はこの保存義務を免れることになる（37条5項・37条4項ただし書、信託法施行規則27条）。

　旧法には信託事務の処理に関する書類等について受託者の保存義務を定める規定は存在しなかったが、受託者に対する監督の実効性を図る観点から現

---

[3] 信託事務処理の効率性、受託者の負担軽減の要請及び受益者の権利保護の要請とのバランスをとる観点から書類等の内容・性質に応じて保存期間に差異を設けており、37条3項に基づく信託帳簿の保存義務、信託事務の処理に関する書類又は電磁的記録の保存義務が最長でも10年間であるのに対し、財産状況開示資料については信託の清算結了までとされている（寺本昌広『逐条解説新しい信託法〔補訂版〕』148頁（注4）（商事法務・2008年））。

行法において新設されたものである。

ここでいう「信託財産に属する財産の処分に係る契約書その他の信託事務の処理に関する書類」(37条5項) とは、信託事務の処理に関して作成し、受領した書類等を広く含み、信託事務の計算関係の書類の他、信託財産の売却の際に受託者が締結した売買契約の契約書その他の書類等を含むものと解される。しかしながら、受託者の従業員が個人的に作成し、保管するメモや、信託事務の処理内容を決定するために行われた稟議に係る稟議書などもっぱら受託者の内部の事務処理のために作成された資料等はこれに含まれないと解される。

なお、受益者の信託事務の処理に関する書類等の閲覧請求権が信託行為によって制限できないこととされており (92条8号)、受託者の信託事務の処理に関する書類等の保存義務を排除すれば上記閲覧請求権は機能しないこととなるため、信託行為により信託事務の処理に関する書類等の保存義務も排除することはできないと解される。

c　信託事務の処理状況等の報告義務について (36条・37条3項)

(a) 概　要

受託者は、信託事務の処理状況等について以下の報告義務を負う。

報告義務

報告先	報告の内容	報告をすべきとき
委託者、受益者	・信託事務の処理の状況 ・信託財産に属する財産の状況 ・信託財産責任負担債務の状況	委託者、受益者が報告を求めたとき
受益者（信託管理人が存する場合は、信託管理人）	財産状況開示資料	財産状況開示資料を作成したとき

(b) 信託事務の処理状況等の報告義務 (36条)

委託者又は受益者は、受託者に対し、以下の事項について報告を求めることができる。

・信託事務の処理の状況
・信託財産の状況

・信託財産責任負担債務の状況

　旧法40条2項は、委託者及び受益者に対し、受託者に信託事務の処理について説明を請求する権利を認めていたが、36条においては、報告を求めることができる内容を明確にしている。

　なお、委託者の報告請求権は信託行為において制限することができると解されるが（145条1項）、受益者の上記報告請求権は信託行為によっても制限することができない（92条7号）。

（c）財産状況開示資料の報告（37条3項）

　受託者は37条2項に基づき財産状況開示資料を作成したときは、その内容について受益者（信託管理人が存する場合は、信託管理人）に報告しなければならない（37条3項）。

　旧法は、受託者に対して、受益者への一定の事項の報告を義務付けてはいなかった[4]が、受益者の受託者に対する監督をより実効的なものとする上で有益であると考えられることから、受益者保護のため、新たにこのような義務を課すこととしたものである。

　もっとも、受益者は、36条に基づき信託事務の処理、信託財産の状況並びに信託財産及び信託財産責任負担債務の状況について報告を求めることができる他、38条に基づく信託帳簿等の閲覧請求権が認められており、一定程度の調査手段が確保されているといえることから、信託行為に別段の定めをすることによって、受託者の報告義務を軽減し、又は免除することができるとされている（37条3項ただし書）。

d　帳簿閲覧等請求権について（38条）

（a）概　要

　受益者は、受託者に対し、信託帳簿、財産状況開示資料、信託事務の処理に関する書類等の閲覧又は謄写を請求することができる。

---

[4] 旧法下においても、他者のために財産を管理、処分する信託の性質に鑑み、受託者に信託財産に関する情報を積極的に提供すべき義務が課されるべきであるとの見解もあった（能見善久『現代信託法』120頁（有斐閣・2004年）等）。

受託者

閲覧・謄写の対象	権利者	例外
信託帳簿・信託事務処理に関する書類等の閲覧・謄写	受益者	・一定の拒否事由があるとき（ただし、全ての受益者からの請求であるとき又は受益者が一人であるときには適用がない拒否事由がある）（38条2項・3項） ・受益者の同意があるときは、以下の範囲の限度でのみ可能（38条4項・5項） 　・財産状況開示資料の作成に欠くことのできない情報その他の信託に関する重要な情報 　・受益者以外の者の利益を害するおそれのない情報
財産状況開示資料	受益者・受益者以外の利害関係人	例外なし

（b）帳簿閲覧等請求権（38条1項・6項、信託法施行規則28条）

　受益者は、受託者に対し、信託帳簿、財産状況開示資料、信託事務の処理に関する書類等（これらについて電磁的記録により作成されている場合には当該電磁的記録に記録された事項を紙面又は映像面に表示する方法により表示されたもの）の閲覧又は謄写を請求することができる（38条1項・6項、信託法施行規則28条）。ただし、受益者が信託帳簿、信託事務の処理に関する書類等（電磁的記録に記録された事項を紙面又は映像面に表示する方法により表示されたものを含む。）の閲覧又は謄写を請求するときは、請求の理由を明らかにしなければならないが（38条1項）[5]、財産状況開示資料の閲覧又は謄写を請求するときは、請求の理由を明らかにする必要はない（38条6項）。

　また、受益者を含む利害関係人[6]は、財産状況開示資料（これらについて電磁的記録により作成されている場合には当該電磁的記録に記録された事項を紙面又は映像

---

[5] 理由の具体性の程度は信託の目的や性質等によって異なると考えられ、例えば、集団的信託においては具体的な理由の明示が求められ、個人資産の管理を目的とする信託では抽象的な理由でよいと考えられる。また、株主の会計帳簿等の閲覧請求権（会社法施行前の商法293条ノ6）に係る最高裁判例（最判平成16年7月1日民集58巻5号1214頁）を参考に、請求の理由が客観的に存在することの立証までは要しないと考えられる（寺本昌広『新しい信託法〔補訂版〕』152頁（商事法務・2008年）、小野傑＝深山雅也編『新しい信託法解説』209頁（三省堂・2007年））。

面に表示する方法により表示されたもの）の閲覧又は謄写のみを、受託者に請求することができる。

　旧法は、受益者を含む利害関係人に対して帳簿及び財産目録の閲覧請求権を認め、更に委託者、その相続人及び受益者には信託事務の処理に関する書類の閲覧請求権を認めていたが（旧法40条）、信託債権者のような受益者以外の利害関係人については、信託財産や損益の状況が主要な関心事であり、財産状況開示資料の閲覧を認めれば足りると考えられることから、現行法は、受益者以外の利害関係人については、受託者が保存すべき書類のうち財産状況開示資料のみを閲覧することができるものとしている。

　これに対して、受益者は、利害関係人の中でも最も利害関係が深く、その受託者の信託事務の処理について監督権限を有していることから、受託者が保有するすべての書類を閲覧することができる。もっとも、後述のとおり、受託者は、受益者からの閲覧等請求（財産状況開示資料の閲覧等請求を除く。）に対し、一定の場合にこれを拒否することができることとされており、受益者が閲覧等を請求するに当たってはその理由を明示することを要するものとしている（38条1項）。なお、閲覧等を請求する理由については書面で示す必要はない。

　また、旧法は書類の閲覧についてのみを規定しているが、書類等の内容を精査する時間を確保することが受託者に対する監督のために有益であることから、現行法においては書類等の謄写をも認めることとしている。かかる謄写の費用は、会社法の株主の会計帳簿閲覧請求権の場合と同様に、請求者側の負担となるものと解される。

　なお、後述する38条2項、3項、4項及び5項に基づき受託者が閲覧等を拒否することができる場合以上に、受益者の受託者に対する帳簿閲覧等請求権を信託行為によって制限することはできない（92条8号）。

　(c) 受益者からの閲覧等請求の拒否（38条2項・3項・4項・5項）
　　i　拒否事由に基づく閲覧等請求の拒否（38条2項）
　受託者は、以下に掲げるいずれかの事由があるときに限り、受益者からの

---

[6] 利害関係があることの立証責任は請求者が負うと解される。

信託帳簿、信託事務の処理に関する書類等の閲覧及び謄写を拒むことができる（38条2項）[7]。かかる拒否事由には受託者の利益保護の観点から定められたものと、他の受益者の利益保護の観点から定められたものがあり、他の受益者の利益保護の観点から定められた拒否事由（次の（ⅲ）から（ⅵ））については、全ての受益者からの請求であるとき又は受益者が一人であるときには適用がない（38条3項）。

（ⅰ）請求者がその権利の確保又は行使に関する調査以外の目的で請求を行ったとき

（ⅱ）請求者が不適当な時に請求を行ったとき。

（ⅲ）請求者が信託事務の処理を妨げ、又は受益者の共同の利益を害する目的で請求を行ったとき。

（ⅳ）請求者が当該信託に係る業務と実質的に競争関係にある事業を営み、又はこれに従事するものであるとき

（ⅴ）請求者が信託帳簿又は信託事務の処理に関する書類等の閲覧又は謄写によって知り得た事実を利益を得て第三者に通報するため請求したとき

（ⅵ）請求者が、過去2年以内において、信託帳簿又は信託事務の処理に関する書類等閲覧又は謄写によって知り得た事実を利益を得て第三者に通報したことがあるものであるとき。

旧法では、受益者等による書類の閲覧請求を受託者が拒否できる場合は規定されていなかったが、受益者による書類の閲覧によって他の受益者の利益が害されるおそれがあること、受託者にとって困難を伴う場合があることが指摘されていた。

そこで、現行法においては、受益者による帳簿等の閲覧等による利益と、閲覧等を拒否することによって保護される受益者及び受託者の利益とを調整し、一定の場合に受益者からの信託帳簿、信託事務の処理に関する書類等の閲覧及び謄写に対する拒否事由が定められたのである。

なお、財産状況開示資料の閲覧及び謄写の請求については、信託事務の詳

---

[7] これらの拒否事由は会社法433条2項の規定等を参考に規定されているため、具体的な解釈については会社法の議論が参考になると考えられる。

細を明らかにするものではなく、利害関係人が閲覧等をすることによって受益者の権利が害されるおそれは通常存しないものとして、受託者による拒否事由は定められていない。もっとも、拒否事由を明文上設けないこととしたとしても、受益者の利益を害する場合や信託事務の処理を妨げる場合には、権利の濫用として、閲覧等を拒むことができる場合があると考えられる。

ⅱ 受益者の同意による拒否（38条4項・5項）

受託者は、（ⅰ）信託行為において、以下の情報以外の情報について、受益者が同意をしたときは信託帳簿、信託事務の処理に関する書類等の閲覧又は謄写の請求をすることができない旨の定めがあり、（ⅱ）受益者が同意をしたときには、当該受益者及び当該受益者の承継人から信託帳簿、信託事務の処理に関する書類等の閲覧又は謄写の請求に対し、以下の情報以外の情報の閲覧又は謄写を拒むことができる。

・財産状況開示資料の作成に欠くことのできない情報その他の信託に関する重要な情報
・当該受益者以外の者の利益を害するおそれのない情報

上記情報についての閲覧謄写を、信託行為をもって上記範囲を超えて制限することはできない（92条8号）。また、信託帳簿、信託事務の処理に関する書類等の閲覧又は謄写の制限に同意した受益者及びその承継人は、当該同意を撤回できない（38条4項）。

旧法では、受益者等の合意に基づき受託者が書類の閲覧請求を拒否できる規定はなかったが、受益者の監督の実効性の確保を図りつつ、委託者及び受益者の意思を尊重するため、現行法においては、上記に掲げられる重要な情報又は他の受益者以外の者の利益を害するおそれがない情報を除き、受益者の合意に基づく閲覧等請求権の制限が認められた。

〔正田　真仁〕

8 他の受益者に関する情報を求める権利等

＊ 関連条文　39条

> 現行法のポイント
>
> ➢ 受益者が複数の信託において、受益者は受託者に対して、他の受益者に関する情報開示の請求が可能に。

1 趣　旨

　旧法には、受益者が他の受益者にかかる情報の開示を受託者に請求することができる旨の規定は存しなかった。

　現行法においては、原則として受益者全員の合意によって受益者の意思が決定されることから（105条1項）、受益者の意思結集に当たって、受益者間での連絡をとることが必要になることが考えられ、受託者に対する他の受益者に係る情報開示の請求権を受益者に認めることが受益者にとって便宜であり、利益にかなうと考えられるため、受益者の受託者に対する他の受益者の情報開示請求権を認めた。

　ただし、他の受益者に自己の情報を知られることを望まない受益者の利益を保護する必要性があること、受益者に係る情報を把握することが困難である受託者に不可能又は困難を課すことは妥当ではないこと等から、他の受益者に係る情報開示請求権は信託行為（信託契約等）によって制限することが可能な任意規定とされ、一定の場合には受託者が請求を拒否できることとされている（39条2項・3項）。

2 内　　容

a　開示請求権（39条1項）

　受益者が2人以上ある信託においては、受益者は、その理由を示した上で、受託者に対し、以下の事項を相当な方法により開示することを請求することができる。
　①　他の受益者の氏名又は名称及び住所
　②　他の受益者が有する受益権の内容
　ここでいう相当な方法とは、通常、書面や電磁的方法によることが考えられよう。
　また、ここでいう「相当な方法」であればよく、受益者名簿の作成が義務付けられるものではない。

b　開示拒否事由（39条2項）

　受託者は、以下に掲げるいずれかの事由があるときに限り、受益者からの他の受益者についての情報開示の請求を拒むことができる（39条2項）。具体的には、受益者からの請求が濫用的なものであったり、受託者の信託事務を妨げるおそれがあるものであったり、他の受益者の利益を害するおそれがある場合には、他の受益者についての情報の開示を拒むことができることとしている。
　①　請求者がその権利の確保又は行使に関する調査以外の目的で請求を行ったとき
　②　請求者が不適当な時に請求を行ったとき
　③　請求者が信託事務の処理を妨げ、又は受益者の共同の利益を害する目的で請求を行ったとき
　④　請求者が当該信託に係る業務と実質的に競争関係にある事業を営み、又はこれに従事するものであるとき
　⑤　請求者が前項の規定による開示によって知り得た事実を利益を得て第

三者に通報するため請求を行ったとき
⑥　請求者が、過去2年以内において、開示によって知り得た事実を利益を得て第三者に通報したことがあるものであるとき

c　信託契約等における取扱い（39条3項）

　他の受益者についての情報開示請求については、いわゆる任意規定とされており、信託行為において、そもそも開示請求を認めないとすることや、開示を拒否することができる場合を増やすなどの制限を設けることが認められる（39条3項）[1]。

　実務上は、受益者が複数いる場合であっても、受益者間の意見の調整は、受託者において行うこととされ、受益者の他の受益者に対する情報の開示請求が積極的に活用されることは必ずしも多くはないと考えられる。

〔正田　真仁〕

---

[1] なお、受益証券発行信託においてこのような制限を設けた場合には、一定の割合以上の受益権を有する受益者に限って一定の権利を認めることを内容とする信託契約の定めを置くことができなくなる（213条1項ないし3項）。

9　受託者の損失てん補責任等

＊　関連条文　40条

> **現行法のポイント**
>
> ➢　受託者の任務違反を理由とする受託者の原状回復義務の要件を明確に。
> ➢　受託者が補塡すべき損害の額の立証を容易に。
> ➢　受託者の損失てん補責任が免責されるための要件を明確に。

1　趣　　旨

　現行法は、受託者が信託契約等により定められた任務に違反をした場合の損失てん補責任について、受益者等は、受託者に対し、①損失のてん補又は②原状への回復を求めることができるものとするが、原状への回復を求めることができる場合の要件を明確に定めるとともに、損失をてん補する際の損失の額の推定規定を設け、その立証の容易化を図っている。

　この受託者の責任は、信託行為によってあらかじめこれを免責することはできないこととされ、事後的にその免除をする場合の要件を定めている。

　また、受託者の責任を無過失責任ではないことを明らかにしつつも、第三者に委託をした場合や分別管理を怠った場合などには、過失が推定されることとしている。

2 内　容

a　原状回復義務

　受託者が信託契約等により定められた任務に違反し、信託財産に何らかの損失を与えた場合には、受託者は、信託財産を原状に回復させなければならないとする（40条1項2号）。しかし、原状への回復の負担を常に受託者に対して課すこととすると、例えば、信託財産の管理の不手際で物理的な毀損が生じた場合において、信託財産の財産的価値はそれほど減耗はしていないが、物理的な性格上、原状に戻すには多大な費用がかかるときなど、受託者にとって酷である結果を引き起こしたり、いわゆる無いものねだりを要求することになることも想定される。そこで、「原状の回復が著しく困難であるとき、原状の回復をするのに過分の費用を要するとき、その他受託者に原状の回復をさせることを不適当とする特別の事情があるときは、この限りでない」（40条1項2号ただし書）として、このような場合には、受託者に対して原状回復の責任を追及することはできないこととした。

　なお、「原状の回復をするのに過分の費用を要するとき」とは、原状が回復されることによって増加する信託財産の価値に比較して原状回復に要する費用が多額であるかどうかが問題とされることから、受託者にとって必ずしも酷ではないものと考えられる。

b　損失のてん補責任

　受益者等は、受託者が信託契約等に定められた任務に違反し、信託財産に損失を与えた場合には、受託者に対し、前記aに基づいて原状回復を求めることができるほか、金銭による損失のてん補を求めることができる（40条1項1号）。

　受託者の任務違反行為は、受託者の信託行為上の債務不履行にほかならず、これに対して受託者が金銭による損失のてん補責任を負うことは、民法上の債務不履行責任（民法415条）に照らしても、当然のものであるといえ

る。

　c　損失の推定等

　受託者の任務違反行為としては、さまざまな類型が考えられるが、信託契約等による受託者の任務の中でも忠実義務、分別管理義務及び自己執行義務は重要なものであると考えられる。そこで、これらの義務に違反した場合には、受益者等による損失のてん補責任等の追及について、次のとおりその便宜を図ることとしている。

　①　忠実義務・利益相反行為の制限に違反した場合

　　　受託者は、忠実義務・利益相反行為の制限に違反した場合には、その違反行為によって受託者又はその利害関係人が得た利益の額と同額の損失を信託財産に生じさせたものと推定され、受託者が信託財産に生じさせた損失が受託者等が得た利益を下回ることを立証しない限り、受託者は受託者等が得た利益の額をてん補しなければならない。

　②　自己執行義務に違反した場合

　　　受託者は、自己執行義務に違反して第三者に信託事務を委託し、その第三者が信託財産に損失を与え、又はその形状に変更を加えた場合には、自らが信託事務を適切に遂行しても同様の結果となったことを立証しない限り、損失てん補責任等を免れることはできない。

　③　分別管理義務に違反した場合

　　　前記②と同様に、受託者は、分別管理義務に違反して信託財産を管理したことにより信託財産に損失を与え、又はその形状に変更を加えた場合には、分別管理義務を適切に遂行しても同様の結果となったことを立証しない限り、損失てん補責任等を免れることはできない。

　d　損失てん補責任等の免除

　受益者は、受託者等の損失てん補責任等及び法人の理事等の損失てん補責任等（次項「10　法人役員の連帯責任」）は免除することができるものとされる（42条）。ただし、受益者が複数の信託においては、この責任の免除は、信託行為の定めにより受益者集会における受益者の多数決をもってすることがで

きるものとされている（105条3項）。かかる責任の免除については、議決権を行使することのできる受益者の議決権の過半数を有する受益者が出席し、出席した受益者の議決権の3分の2以上に当たる多数決をもって行わなければならず（113条2項）、これに反する信託行為の定めを許容しないものとされる。また、①責任の全部の免除又は②受託者がその任務を行うにつき悪意又は重大な過失があった場合に生じた責任の一部免除、③法人の理事等の損失てん補責任等の免除については、全受益者の一致をもって決議しなければならないものとされている（105条4項）。

〔武智　克典〕

10　法人役員の連帯責任

＊関連条文　41条

> 現行法のポイント
>
> ➢ 法人としての受託者の損失てん補責任について役員が負担する連帯責任の内容を明確に。

1　趣　　旨

　旧法34条は、受託者である法人がその任務に背いた場合には、これに関与した理事又はこれに準ずべき者は連帯して責任を負うとしていたが、その責任の内容があいまいであったほか、個人である理事等の責任がどのような場合に生じるのかもあいまいであった。

　現行法は、受託者である法人が損失てん補責任等を負う場合において、受託者である法人の行った法令又は信託行為の定めに違反する行為につき、法人の理事、取締役若しくは執行役又はこれに準ずる者に悪意又は重大な過失があるときは、その者は、連帯して、損失のてん補又は原状の回復をしなければならないものとし、旧法と同様に受託者の役員に連帯責任を課すとともに、その要件及びその内容を明確に規定することとしている。

　受託者として、その任務に違反する行為をした法人自体が受託者として責任を負うのは当然であるが、信託財産を保護するため、このような任務違反行為について相談を受け、又は不当な決議をした理事等にも連帯責任を負わせることとしたものであるとされている。

2 内容

a 法人役員が連帯責任を負う要件

 そもそも、理事等は、受益者との間で個別の契約関係にはないため、受益者から直接に契約責任等を追及される立場にはなく、その具体的関与に応じて各受益者に対して一般不法行為責任を負う余地があるにとどまるのである。それにもかかわらず、理事等に対して、損失てん補責任等という契約責任類似の責任を負わせることとするものであることにかんがみると、旧法のように、法人の任務違反行為に関与したことのみを理事等の連帯責任の要件とすることは、機関として法人の活動に従事するにすぎない理事等への責任の追及の在り方としては妥当ではないと考えられる。

 そこで、理事等に法人の任務違反行為について責任を負わせる要件として悪意又は重過失を要求することとしたものである。

 なお、理事等の主観的要件についての立証責任は、この規律が直接の契約関係にない者に対して契約責任類似の責任の追及を認めるものであることにかんがみると、受益者にあるものと考えるべきであろう。もちろん、信託法に基づいて理事等の責任を追及することができない場合であっても、これにより損失を被った受益者等は民法 709 条に基づく責任を理事等に対して追及することは可能である（会社法 429 条における役員等の責任と民法 709 条の関係と同じである。）。さらに、受託者が株式会社などである場合は、会社法 429 条の責任追及も別途可能ということになろう（ただし、実務的な意味は乏しいものと思われる。）。

b 法人役員が負う責任の内容

 旧法は、単に、受託者である法人が任務に背いたときは「連帯シテ其ノ責ニ任ス」とし、その責任の内容が必ずしも明確ではなかったが、現行法は、法人とともに損失補てん責任を負うことを明確にしている。

 受託者の損失補てん責任については、損失の額などが推定されることとさ

れているが（40条3項）、理事等の責任も連帯責任とされている以上、この推定規定の適用を受けることとなる。

〔武智　克典〕

11　損失てん補責任等に関する消滅時効等

＊関連条文　43条

> **現行法のポイント**
> ➤　受託者の損失てん補責任等にかかる債権の消滅時効期間・除斥期間を明確に。

1　趣　　旨

　旧法には、受託者の任務違反行為に基づく損失てん補責任等による債権について、消滅時効を定めた規定はなく、必ずしも明確ではなかった。
　そこで、現行法においては、受益者等が有する受託者の損失てん補責任等に係る債権の消滅時効期間について、民法上ないし商法上の債務不履行による損害賠償請求権に準じて民法167条1項に従い10年間又は商法522条に従い5年間とし、かつ、受益者が自らが受益者となったことを知らない場合における時効の進行を調整するとともに、除斥期間の規定を設け、受益者と受託者の利益衡量を図っている。

2　内　　容

a　概　　要

　現行法は、受託者の損失てん補責任等の消滅時効は、債務の不履行によって生じた責任に係る債権の消滅時効の例によるとしている（43条1項）。また、法人である受託者の理事等の責任に係る債権は、10年間行使しないときは、時効によって消滅する（43条2項）。これらの受託者又は理事等のてん

補責任等に係る受益者の債権の消滅時効は、受益者が受益者としての指定を受けたことを知るに至るまでの間（受益者が現に存しない場合にあっては、信託管理人が選任されるまでの間）は、進行しないとされるが（43条3項）、かかる債権は、受益者が指定を受けたことを知らない場合でも、受託者がその任務を怠ったことによって信託財産に損失又は変更が生じた時から20年の除斥期間を経過したときは消滅する（43条4項）。

b 損失てん補責任等に係る債権の消滅時効期間

受託者や法人である受託者の理事が負うべき損失てん補責任の法的性質については、様々な見解があり得るところである。しかしながら、受託者の損失てん補責任は、信託行為の定めにより受益者との間で既に形成されるに至った信任関係に受託者が違反した場合に認められるものであるから、債務不履行責任としての性質を基本的に有することは否定できない。すなわち、受託者は、この責任を履行するに当たり、信託契約の当事者である受益者や委託者に対してではなく、信託財産に対して現状の回復又は損失のてん補をすべきであるという点において特殊性が認められるにすぎない。それゆえ、受託者の損失てん補責任は、信託に特有の法的性質から契約の当事者である受益者に対する責任ではないという点で特殊性を有するものの、債務不履行責任に準ずるものとして消滅時効の規律が設けられた。

このような観点から、受益者等が有する受託者の損失てん補責任等に係る債権の消滅時効期間については、現行法43条1項のとおり、民法上の債務不履行による損害賠償請求権に準じて、民法上の債務不履行に基づく損害賠償請求権と同様に民法167条1項により10年間の消滅時効に服することとなる（43条1項、商法522条）。ただし、例えば、商行為によって生じた債務の不履行に基づく損害賠償請求権に関しては、商法522条が適用されるところ、受託者が営業として信託を引き受けたときは商行為となるから、このような営業信託における損失てん補責任等に係る債権については、商行為によって生じた債務の不履行の場合に準じて、その消滅時効期間は5年間の消滅時効に服することとなる。

c 受益者の損失てん補責任等に係る債権の消滅時効の起算点

　受益者として指定された者は、原則として、受益の意思表示をすることなく受益権を取得するものとされているから、受益者自身が受益権を有していることを知らないこともあり得るが、それにもかかわらず消滅時効が進行するとなると、受益者不知の間に消滅時効期間が満了してしまうことにもなりかねない。

　そこで、受益者保護の観点から、受益者が、受益者として指定されたことを知った時点をもって、消滅時効の起算点とするものとしている（43条3項）。なお、受託者が受益債権の消滅時効を援用するに当たっては、時効期間経過後において援用に先立ち受益者に対して受益債権の存在及びその内容を相当の期間を定めて通知し、かつ、その期間内に権利行使がされないことが必要であるとされている（102条3項1号）が、受益者の損失てん補責任等についてはそのような規定は設けられていない。

d 損失てん補責任等に係る債権の除斥期間

　受益者が有する損失てん補責任等に係る債権の消滅時効の起算点について、現行法43条3項のとおり、受益者として指定されたことを知った時とすると、受益者として指定された者がこれらの事実を認識するに至らない限り、消滅時効がいつまでも進行を開始しないこととなり、その結果、権利関係の安定性が損なわれるという弊害を生じかねない。

　そこで、現行法43条4項は、このような弊害を回避すべく、客観的な時点からの一定期間の経過をもって当然に債権が消滅するとの規定、すなわち除斥期間に相当する規定を設けることとした上で、その起算点については、客観的な債権発生時点すなわち受託者の任務違反行為の時とし、その期間については、民法上の諸規定に準じて20年間とすることとしている。

〔武智　克典〕

12　受託者の違法行為に対する差止請求権

＊　関連条文　44条・45条・85条4項

現行法のポイント

➤　受託者の違法行為の差止めが可能に。

1　趣　旨

　旧法では、受託者の任務違反行為が行われた場合の救済手段として、受益者に対し、受託者に対する損失てん補請求権及び信託財産の復旧請求権（旧法27条及び29条）、並びに信託財産の処分の相手方・転得者に対する取消権（旧法31条）を認めていたが、これらはすべて、任務違反行為が行われた後の事後的救済手段であり、受託者に十分な資力がない場合や処分行為の相手方が善意である場合には、受益者の救済が十分に図れないおそれがあった。
　そこで、現行法においては、受託者が法令や信託行為に違反する行為を行おうとしている場合には、一定の要件の下で、受益者はその行為を事前に差し止めることができるとされている[1]。

---

[1] 旧法では、受益者の差止請求権についての規定はないものの、解釈によって、受益者の任務違反となる行為については、受益者による差止めを認める解釈もあった（能見善久『現代信託法』179頁（有斐閣・2004年））。現行法は、このような見解を踏まえ、その請求権者や要件に合理的な制限を加えて規定したものである。

2 内容

a 概要

現行法は、受託者の法令や信託行為違反する行為により信託財産に著しい損害が生じるおそれがある場合に受益者に差止請求権を認める（44条1項）とともに、受託者の公平義務（33条）違反により特定の受益者に著しい損害が生じるおそれがある場合にその特定の受益者に差止請求権を認めることとしている（44条2項）。

なお、受益者による差止請求権の行使を広く認めると、信託事務の円滑な処理を阻害し、かえって信託目的の妨げになりかねないなどの理由から「著しい損害」が生じるおそれがある場合にのみ差止請求権を認めている。

b 差止請求権の内容

（a）法令・信託行為違反に対する差止請求権（44条1項）

受託者が法令若しくは信託行為の定めに違反する行為をし、又はこれらの行為をするおそれがあり、その行為によって信託財産に著しい損害が生ずるおそれがある場合に、すべての受益者に対して認められる差止請求権である。この差止請求権は、受益者が複数いる場合でも受益者であれば単独で行使できる（92条11号）。

（b）公平義務違反行為に対する差止請求権（44条2項）

受託者が公平義務（33条）に違反する行為をし、又はこれをするおそれがあり、その行為によって一部の受益者に著しい損害が生ずるおそれがある場合に、その損害が生ずるおそれのある受益者に対して認められる差止請求権である。

この差止請求権も、公平義務違反により著しい損害を受けるおそれのある受益者が複数いる場合でも単独で行使することができる（92条11号）。

（c）費用又は報酬の支弁（45条1項・2項）

受益者が差止請求権を行使し、受託者の任務違反行為を防止することがで

きた場合には、その受益者の行為は信託財産のために行われたものということができるため、その費用や弁護士報酬等は信託財産において負担すべきものと考えられる。

そこで、受益者が差止請求権を行使するために負担した費用又は弁護士報酬等について、その受益者は、信託財産に求償することができることとしている。

また、受益者による差止請求権の行使を不当に抑制しないよう、差止請求の訴えを提起した受益者が敗訴した場合であっても、受益者に悪意があった場合を除き、受託者に対し、受益者が応訴するために負担した費用等の損害を賠償する義務を負わないこととしている。

(d) **複数受託者の場合の特例**(85条4項)

受託者が複数いる信託の場合において、任務違反行為を行っていることを発見したときは、その違反行為によって信託財産又は一部の受益者に著しい損害を生じさせるおそれがある場合には、その受託者も差止請求権を行使することができるとされている。

〔小室　太一〕

13　検査役選任請求権

＊　関連条文　46条及び47条

> **現行法のポイント**
>
> ➤　受託者の信託事務の処理に関し、検査役を選任することができる要件を明確に。

1　趣　　旨

　旧法は、裁判所が、利害関係人の請求により又は職権をもって、信託事務の処理につき検査役を選任することができると定めているにとどまり、検査役を選任することができる場合が不明確であった。

　そこで、現行法は、検査役の選任を請求するためには、「不正の行為又は法令若しくは信託行為に違反する重大な事実があることを疑うに足りる事由」があることを要するとし、その選任の要件を明確にするとともに、検査役の権限、検査役の調査結果の報告、検査役の調査結果を受益者等が入手するための手続等に関する規定を設け、検査役制度が信託事務の監督にとってより実効的なものとなるよう手続を整備している。

2　内　　容

a　要　　件

　信託財産に対する影響が軽微であるにすぎない場合にまで検査役の選任を認めることは、検査役の調査が信託事務の処理に与える影響の大きさに照らすと相当ではない場合が多いと考えられることから、現行法は、「不正の行

為又は法令若しくは信託行為に違反する重大な事実があることを疑うに足りる事由」がある場合に、受益者等が検査役を選任することができることとしている。

なお、検査役の調査が信託事務の円滑な処理を損なうおそれが強いことなどから、原則として信託について利害関係が強い受益者のみが検査役を選任を請求することができることとし、信託行為（信託契約等）に定めがある場合に限り、委託者が検査役の選任を求めることができることとしている（145条2項10号）。

b 検査役の権限

旧法は、検査役の権限について定めていなかったが、現行法は、検査役の権限に関する規定を設け（47条1項）、検査役は、信託事務の処理の状況、並びに信託財産に属する財産及び信託財産責任負担債務の状況を調査するため、受託者に対して、これらの状況に関する報告を求め（報告徴収権）、信託財産の帳簿、書類、金銭、その他の物件を検査すること（物件検査権）ができることを明らかにしている。

c 調査結果の報告

検査役は、調査の結果を記載し、又は記録した書面又は電磁的記録（以下「調査報告書」という。）を裁判所に提供して報告しなければならない（47条2項）。

d 調査結果の入手

裁判所に対して調査報告書を提出した検査役は、検査役の選任を請求した受益者に対して、調査報告書の写しを送付する等の方法により、調査結果の内容を通知しなければならない（47条4項）。

さらに、検査役の選任を請求した受益者以外の受益者にも調査結果の内容を知る機会を与える必要があることから、受託者に対して、調査結果の内容を通知しなければならないものとし（47条4項）、受託者は、検査役から調査結果の内容の通知を受けた事実を全ての受益者に通知しなければならないこ

ととされている（47条5項）。これにより、検査役の選任を請求した受益者以外の受益者は、受託者から調査結果について情報の提供（調査報告書の写しの閲覧、謄写等）を受けることによって、調査結果の内容を知ることができることになる。

　受託者が通知義務を怠った場合などに備えて裁判所は、必要があると認めるときは、受託者に対し、裁判所が相当と認める方法によって検査役の調査結果の内容を全ての受益者及び委託者に通知することなどを命じることができるとされている。

e　検査役の報酬等

　検査役による検査は、受託者による任意違反行為の防止又は発見を目的とするものであり、信託財産を保全するために行われるものであることから、検査役への報酬は、信託財産の中から支払うこととされている（46条5項ないし7項）。

〔小室　太一〕

14　受託者の権限の範囲

＊　関連条文　26条

> 現行法のポイント
>
> ➢ 受託者は、信託目的達成のために必要な行為をする権限を有していることを明確に。

1　趣　旨

　旧法は、財産権を移転その他の処分をして、他人に一定の目的に従い財産権を管理又は処分させることを信託とし、受託者の職務として、信託行為に定めるところに従って信託財産の管理又は処分することのみを定めていた（旧法1条・4条）。

　しかし、旧法においても、信託財産の管理及び処分は例示にすぎず、受託者の権限は、信託契約等の定めやその信託の目的に照らし、権利の取得行為や債務の負担行為など信託財産の管理又は処分に当たらないものであっても個々の信託に応じて受託者の職務権限は定められるべきものと解されていた。

　そこで、現行法では、受託者が、信託財産に属する財産の管理又は処分だけではなく、信託目的の達成のために必要な行為をする権限を有することを明確にしている。

2 内　容

a　受託者の権限

　受託者は、信託財産に属する財産の管理又は処分及びその他の信託目的の達成のために必要な行為をする権限を有する（26条本文）。
　もっとも、受益者の利益や、信託目的達成のために受託者の権限を制限すべき場合があることから、信託行為（信託契約等）によって受託者の権限に制限を加えることができるとされる（26条ただし書）。

b　権限の範囲を超えた受託者の行為の効力

　受託者が信託財産のために権限の範囲外の行為を行った場合であっても、当該行為が当然に無効となるものではない[1]。
　しかし、受託者の権限の範囲外の行為に伴い受託者が負担した債務が、信託財産責任負担債務となるのは、当該行為が21条1項6号イ又はロに該当する場合に限られることになる（21条1項6号）。
　また、受益者は、受託者の権限の範囲外の行為が27条1項又は2項に該当するときは、受託者の権限違反行為を取り消すことができる（27条。本書「15　受託者の権限違反行為の取消し」図表「受託者による権限外の行為の効果」参照）。

〔正田　真仁〕

---

[1] 受託者の忠実義務や善管注意義務等に違反する行為が権限外の行為に該当する場合があるかどうかについてはいくつかの解釈がある。この点については、忠実義務違反の行為は権限外の行為となるが、善管注意義務違反の行為は権限外の行為にならないとする見解（新井誠監修『コンメンタール信託法』95頁（ぎょうせい・2008年））や、旧法31条の「信託の本旨」に反する行為の解釈として著しい善管注意義務違反の行為が権限外の行為になるとする見解（四宮和夫『信託法〔新版〕法律学全集33 II』254頁（有斐閣・2002年、OD版2009年））もある。

15 受託者の権限違反行為の取消し

＊ 関連条文　27条

> **現行法のポイント**
>
> ➢ 受託者の権限違反の行為を一定の要件の下で受益者による取消しの対象とすることが可能に。

1 趣　旨

　旧法31条は、受益者が「信託ノ本旨」に反する受託者による信託財産の処分を取り消すことができることを定めていたが、「信託の本旨」に反するか否かは信託の登記を見ても明らかではなく、また、取消しの対象となる行為が信託財産の処分に限定されるため相手方の信頼を保護という観点からも、受益者の保護という観点からも問題があると指摘されていた。

　現行法は、こうした旧法の問題を解決するため、受益者による取消しの対象となる行為を受託者の権限違反行為全般に広げるとともに、取消しの要件として相手方の主観的要件を要求するなどして相手方の信頼を保護することとしている。

2 内　　容

a　概　　要

　受託者の権限は、信託目的達成のために必要な行為に限られ、信託行為によって制限される(26条)。しかしながら、信託財産について管理処分権限を有することから、信託財産のために信託財産の管理処分を行った場合には信託行為(信託契約等)の定めに違反する行為であったとしてもその効力は有効であるとされ、このような行為により負担した債務も信託財産責任負担債務となるのが原則である。

　そこで、現行法は、このような受託者の権限違反行為に対する救済手段として、受託者と取引をした相手方に不測の不利益を与えることがないよう要件を定めた上で、受益者に対して取消権を認めることとしている(27条1項・2項)。

　この取消権は、民法上の詐害行為取消権と異なり、裁判外の意思表示によって行使することができ、信託行為(信託契約等)の定めによって制限することができない(92条5号)[1]。

b　信託の登記又は登録をすることができない財産に係る行為の取消しの要件(27条1項)

　受益者は、受託者が権限違反の行為(信託の登記又は登録をすることができる財産に対する権利の設定又は移転に係る行為を除く。b参照。)をした場合において、その行為の相手方が以下の要件のすべてを充たすときは、その行為を取り消すことができる(27条1項)。

　①　その行為の当時、当該行為が信託財産のためにされたもの[2]であるこ

---

[1] 例外として、受益権発行信託においては、一定以上の割合の受益権を有する受益者にのみ権利行使を認める旨の特則を信託行為で定めることができる。
[2] 「信託財産のためになされた」とは、その行為により生じる経済的な利益・不利益を信託財産に帰属させようとする受託者の主観的な意図があることを意味する。

とを知っていたこと
② その行為の当時、当該行為が受託者の権限違反であることを知っていたか、知らなかったことについて重過失があったこと

そもそも、信託の登記又は登録をすることができない財産については、相手方は、受託者が信託財産のために行っているのか、自己の固有財産のために行っているのかが分からないため、受益者は、相手方が信託財産のために行われた行為であることを知っているか、知らないことについて重過失がある場合に限り、取り消すことができることとしている。

c 信託の登記又は登録をすることができる信託財産に係る行為の取消しの要件（27条2項）

受益者は、受託者が権限に違反して、信託の登記又は登録をすることができる財産について権利を設定し又は移転した場合には、以下の要件のすべてを充たすときは、その行為を取り消すことができる（27条2項）。
① その行為の当時、その財産について信託の登記又は登録がされていたこと[3]
② その行為の相手方が、その行為の時点において、当該行為が受託者の権限違反であることを知っていたか、知らなかったことについて重過失があったこと

本来、信託の登記又は登録をすべき財産については、受託者の分別管理の内容として信託の登記又は登録をしなければならないことにかんがみ、受益者がこのような信託財産の処分等の効力を第三者との間で争うためには、まず、信託の登記又は登録がされていなければならないものとしている。

また、信託の登記又は登録がされていても、信託目録の記載からは必ずしも受託者の権限の範囲が明確ではないことから、受託者に権限があると信頼

---

[3] 信託財産に属する財産の対抗要件に関する14条の帰結として、権利の得喪に登記又は登録を要する財産については、権限違反行為の当時はともかくとして、取消権を行使するときまでには信託の登記又は登録があることが必要であるとされている（寺本昌広『逐条解説新しい信託法〔補訂版〕』107頁（商事法務・2007年））。

した第三者を保護するため、受託者の行為が権限違反であることを知っていたか、知らなかったことについて重過失がある場合に限り、受益者は取り消すことができることとしている。

d　受益者による取消権行使の効果（27条3項）

27条1項又は2項の取消しがなされると、受託者による権限違反行為の効果は、信託財産に帰属しないことになる。

さらに、この取消権の行使によって、その行為の効果が受託者の固有財産に対して帰属するかどうかについては議論がある。この点、受託者自身が権限違反を行っていることから、取引の相手方の犠牲により受託者が責任を免れることを疑問とする見解もあるが[4]、他方で取引の相手方も権限外の行為であることにつき悪意又は重過失があることからすると必ずしも受託者が責任を免れるとしても取引の相手方に不合理な結論ではなく、また27条が「行為」の取消しと規定することからも、受託者の固有財産に対しても帰属しないとの結論が妥当ではないかと考えられる[5]。

複数の受益者がいる信託において、一人の受益者が27条1項又は2項の取消権を行使したときは、他の受益者にもその効果が及ぶ（27条3項）。したがって、受託者の権限外の行為の取消しを望む受益者と、受託者の行為の取消しを望まない受益者がいる場合であっても、前者によって取消権が行使されれば、その受託者の行為は取り消されることとなる。

e　受益者による取消権の短期消滅時効等（27条4項）

受益者の取消権は、受益者（信託管理人がいるときは信託管理人）が取消しの原因となる受託者の権限違反行為があったことを知った時から3か月間行使しないときは時効により消滅し、行為の時から1年を経過したときも消滅する（27条4項）。

---

[4] 福田政之ほか『【詳解】新信託法』42頁（清文社・2007年）。
[5] 寺本昌広『逐条解説新しい信託法〔補訂版〕』107頁（商事法務・2007年）。

<図表 受託者による権限外の行為の効果>

信託財産に権利を設定し又は移転する行為					
信託の登記・登録の可否	信託の登記・登録の有無	信託財産のためにされたことの相手の認識の有無	権限の範囲外であることの相手方の認識	受託者が信託財産で債務を負担するか否か（信託財産への強制執行可能性）（21条1項）	信託法27条に基づく取消しの可否
○	○	○	善意又は軽過失	○（6号イ）	×
○	○	○	悪意又は重過失	○（6号ロ）（取り消されるまで。）	○（2項）
○	○	×	―	○（6号イ括弧書内括弧書）	×
○	×	○	善意又は軽過失	○（6号イ）	×
○	×	○	悪意又は重過失	○（6号イ）	×
○	×	×	―	○（6号イ括弧書内括弧書）	×
×	×	○	善意又は軽過失	○（6号イ）	×
×	×	○	悪意又は重過失	○（6号ロ）（取り消されるまで。）	○（1項）
×	×	×	―	○（6号イ括弧書内括弧書）	×

信託財産のためにする行為のうち信託財産に権利を設定し又は移転する行為以外の行為			
信託財産のためにされたことの相手の認識の有無	権限の範囲外であることの相手方の認識	受託者が信託財産で債務を負担するか否か（信託財産への強制執行可能性）（21条1項）	信託法27条に基づく取消しの可否
○	善意又は軽過失	○ （6号イ）	×
○	悪意又は重過失	○ （6号ロ） （取り消されるまで。）	○（1項）
×	—	× （6号イ括弧書）	×

〔正田　真仁〕

16　費用等の補償請求権

＊　関連条文　48条ないし53条

> 現行法のポイント
>
> ➢　受託者の信託財産に対する費用等の補償請求権の優先性の範囲を限定的に。

1　趣　旨

　旧法においては、受託者が、信託財産のためにその固有財産をもって負担した租税、公課その他の費用又は信託事務の処理のため受託者が過失なくして負担した損害の補償について、①信託財産を売却して他の信託財産の権利者に優先して償還を受けることができ、さらに、②受益者に対して補償を請求し又は担保の提供を求めることができることとされていた。

　現行法においては、受託者が負担する費用の内容もさまざまなものがあることにかんがみ、信託財産に対する他の債権者に優先することができる範囲を制限するとともに、受益者がその意思に反して費用を負担することがないようにしている。

2 内容

a 費用等の範囲（48条）

受託者が償還等を請求することのできる費用とは、租税、公課のほか、信託事務の処理を行う上で必要と認められる借入金の支払費用などを含むものであるとされている。通常、信託事務の処理のために必要な費用であるか否かについては、信託契約等の信託行為の中で定められることが多い。

また、信託事務の処理のために必要であるか否かは、その費用の支出当時において必要と判断される費用であればよく、事後的に見れば不必要であったと認められるものも含むと解されている。

b 費用等の前払い（48条2項・3項）

旧法は、一旦受託者が費用を支出した後の償還のみを規定していたが、現行法では、信託行為（信託契約等）に特段の定めのない限り、受託者は、信託事務を処理するについて費用を要するときは、信託財産からその前払いを受けることができることとされた。これは、委任の場合に受任者があらかじめ委任者から費用の償還を求めることができるのと同様の取扱いを認めたものである。

ただし、受託者が費用の前払いを受けるためには、信託行為（信託契約等）に特別の定めがある場合を除き、受益者に対し、前払いを受ける額及びその算定根拠を通知しなければならない（48条3項）。

c 費用等の信託財産からの償還等の方法等（48条1項・2項・49条・50条）

（a）信託財産の固有財産への帰属（49条1項・3項）

受託者は、費用等の償還又は前払いを受けることができる場合には、その額の限度で、信託財産に属する金銭を固有財産に帰属させることができる。

費用等の償還又は前払いのために、金銭以外の信託財産を固有財産に帰属させること（つまり代物弁済すること）は、信託財産の価値の評価次第では必要

以上の信託財産をもって支払うおそれがあるため、信託行為（信託契約等）にこれを禁じる定めがなく、かつ、利益相反取引の禁止例外の要件（31条2項各号）を満たす場合にのみ認められている。

（b）**信託財産の処分**（49条2項）

費用等の償還又は前払いのために必要があるときは、受託者は、信託財産に属する財産を処分することができる。

しかし、当該信託財産を処分することにより信託の目的を達成することができないこととなるものについては、費用等の償還又は前払いを受けるためであっても、これを処分することはできないこととされている。

また、信託行為（信託契約等）に別段の定めをおくことによって、費用等の償還又は前払いを目的とした受託者による信託財産の処分を禁じることができる。ただし、受託者が、信託財産を処分できずに費用等の償還や前払いを受けられないことによる不都合を回避するため、一定の要件の下で、受益者に対して補償等を求めたり、信託を終了させたりすることが認められている（後記 e、f 参照）。

（c）**信託財産の強制執行、担保権の実行との関係**（49条4項・5項）

受託者は、信託財産に対する費用等の償還又は前払いを受けるため、前記のとおり、信託財産を固有財産に帰属させる権利を有するが、この信託財産を固有財産に帰属させる権利は、信託財産も受託者の財産であり、一種の形成権のような権利であって通常の金銭債権と異なるため、債務名義を取得して配当要求をすることができないことにもなりかねない。

そこで、信託財産の強制執行又は担保権の実行の手続においては、費用等の償還又は前払いを受けるために信託財産を固有財産に帰属させる権利を金銭債権として扱い、受託者は書面をもって受託者の権利を証明し、強制執行又は担保権の実行の手続において配当要求できることが規定された（49条4項・5項）。

（d）**信託財産の他の債権者との優劣**（49条6項・7項）

旧法では、受託者の信託財産から費用等の償還又は前払いを受ける権利は、信託財産に対する他の債権者の権利に優先することとされていた（旧法36条1項）。

しかし、受託者が信託事務の処理のために負担すべき費用も多種多様であることから、現行法は、その費用の内容に応じて他の債権者に優先するか否かを定めている。

① 信託財産に対する債権者の共同の利益のために支出した費用について（49条6項）

信託財産に属する財産の保存、清算又は配当に関する費用等の信託財産の債権者の共同の利益のために支出されたものについては、原則として他の信託財産の債権者に優先する。ただし、当該費用等によって利益を受けない債権者との関係においては優先しない。

また、このような信託財産の債権者の共同の利益のために支出された費用等の償還等を求める受託者の権利は、債務者の共益費用を負担したことによる債権者の請求権について認められる先取特権（民法307条1項）と同順位の優先性が認められる。

② 信託財産の価値の維持・向上のために負担した必要費・有益費について（49条7項）

信託財産について必要費（信託財産に属する財産の保存のために支出した金額その他の当該財産の価値の維持のために必要であると認められるもの（49条7項1号））又は有益費（信託財産に属する財産の改良のために支出した金額その他の当該財産の価値の増加に有益であると認められるもの（49条7項2号））を支出した場合の信託財産に対する費用等の求償又は前払いを受ける権利は、必要費については支出した金額のすべてについて、有益費については支出した金額又は信託財産の価値増価部分のいずれか低い方の額についてのみ、その費用を支出した信託財産に対する強制執行又は担保権の実行の手続において、他の権利者の権利に優先する。

③ ①②以外の信託事務を処理するための費用

①②以外の信託事務を処理するための費用については、他の信託財産責任負担債務の債権者に優先して受託者に支払をすべき合理的な理由が存在しないことから、他の信託財産の債権者と同一の地位を有するものとしている。

(e) 信託財産責任負担債務弁済による代位（50条）

現行法においては、前記(d)のとおり、受託者が費用等の償還等を求める権利について他の債権者に対する優先権が認められる範囲が旧法に比べて狭められ、他の債権者と同順位の地位を有するのが原則とされたことを受け、受託者の固有財産による信託財産責任負担債務の弁済により、受託者がその債務に係る権利に代位し、受託者の信託財産に対する費用等の償還請求権の範囲において、受託者が当該債務に係る権利（これを被担保債権とする担保権を含む。）を信託財産に対して行使できることとされた。

この場合においては、弁済によって消滅するはずの権利が消滅することなく受託者に移転することを知らせるために、受託者は、その弁済後、遅滞なく、当該債権者の有する債権が信託財産責任負担債務にかかる債権である旨及びこれを固有財産をもって弁済した旨をその債権者に通知しなければならない（50条2項）。

d 引渡拒絶権（51条）

現行法は、公平の観点から、受託者は、信託財産から費用等の補償又は費用の前払いを受ける権利が消滅するまでは、受益者又は帰属権利者（182条1項2号）に対する信託財産にかかる給付をすべき債務の履行を拒むことができる。

ただし、信託行為（信託契約等）に別段の定めがある場合には、その定めによることとされる。

e 受益者から費用等の補償等を受ける権利（48条5項）

旧法36条2項は、受託者は、信託事務の処理に関する費用等について、受益者に対して補償を請求することができるとしていた。

しかし、債務の負担に関する一般原則に照らし、信託行為（信託契約等）の当事者となっていないことが少なくない受益者が信託行為の効力によって当然に補償請求権にかかる債務を負担させる必要性は乏しいと考えられる。

そこで、現行法においては、受託者の支出した費用等についての受益者償還又は費用の前払いについては、個別の受益者との合意によってのみ発生す

ることとされている。

　なお、受託者と受益者との間において、受託者が費用等を受益者に請求できる旨の合意は信託契約そのものとは位置付けられず、信託契約に従たる契約として信託契約とは別にされるものである。ただし、受益者が信託行為の当事者となっている自益信託においては、当初受益者である委託者との間で信託契約の中で合意することによって受託者が委託者兼受益者に費用等を求償することは可能である。

　また、受益者の受託者に対する費用等を補償する義務は、信託行為とは別（もちろん、形式上、この合意が信託契約の中で行われることは否定されるものではない。）の合意によるものであって受益権の内容を構成しないため、受益権の譲渡がなされた場合にも、別途合意をしない限り、受託者から費用等の求償を受ける義務は承継されない。

　f　信託財産費用等の償還に信託財産が不足する場合の信託の終了(52条)

　受託者が、費用等を固有財産において負担したにもかかわらず、信託財産が不足する場合、信託財産からも受益者からも補償等を受けられない場合がある。このような場合にも信託事務の処理を継続しなければならないという事態が生じると受託者にとって著しく不利益である。

　そこで、信託財産（ただし、c (b) 記載の49条2項により処分することのできない財産は除かれる。）が費用等の償還に不足する場合には、委託者及び受益者（いずれかが存在しない場合には一方）に対して、信託財産が不足するため費用等の償還又は前払いを受けることができないことから、相当の期間内に委託者又は受益者から費用等の償還又は費用の前払いを受けることができないときは、信託を終了させることを通知し、受託者が定めた相当の期間を経過しても委託者又は受益者から費用等の償還又は前払いを受けなかったときは信託を終了させることができる。ただし、委託者及び受益者が存在しないときは、受託者は、このような通知をするまでもなく、信託を終了させることができる。

g　損害補償請求権 (53条)

受託者は、①信託事務を処理するために自己に過失なく損害を受けた場合には、当該損害の額を、②信託事務を処理するため第三者の故意又は過失によって損害を受けた場合には、当該第三者に対し賠償を請求することができる額を、それぞれ信託財産から賠償を受けることができる。

ただし、信託行為に別段の定めがある場合には、その定めることによることとされる。

まず、受託者が信託事務を処理するため、自己に過失なく受けた損害についても費用と同様に補償を受けることができるとするものであり、旧法から認められているものである。

また、受託者に何らかの過失がある場合であっても、損害の原因が第三者にもある場合などに受託者が一切求償を受けられないとするのは受託者に酷であると考えられるため、第三者の故意又は過失により受けた損害についても一定の額について、信託財産から賠償を受けることができる。

また、その償還等の請求の要件や具体的な償還等の手続については、費用等の償還に関する規定が準用され、費用等の償還等と同じ要件・方法にて、償還等を受けることができる[1]。

なお、損害補償請求権は、共益費用、必要費・有益費とは異なり、他の債権者に優先して補償等を受けるべき理由に乏しいことから、信託財産に対し、他の債権者に優先して権利行使をすることは認められていない。

〔正田　真仁〕

---

[1] 具体的に適用される費用等の補償等に関する規定は次のとおりである。
・48条4項：受託者の損失てん補責任の先履行
・48条5項：受益者との合意に基づく受益者に対する請求
・49条1項から5項：信託財産から賠償を受ける方法
・51条：受益者、帰属権利者に対する給付との同時履行
・52条：信託財産が不足する場合の信託の終了

17　報酬請求権

＊　関連条文　54条

> 現行法のポイント
>
> ➢ 受託者は原則として信託財産からのみ報酬を受け取ることができることを明らかにするとともに、他の信託財産に対する債権者を同一の順位で信託財産に対して報酬請求権を行使することができることを明確に。

1　趣　旨

　旧法において、受託者の報酬請求権については、原則として信託の引受けを無報酬とし、受託者が営業として信託の引受けを行う場合及び特約のある場合にのみ受託者は報酬を受けることができるとされ、報酬請求権は、費用等の償還請求権と同様に他の債権者に優先することとされていた。しかしながら、委託者や受益者が負担する責任の内容があいまいであるほか、他の債権者に優先するのはおかしいのではないかと指摘されていた。

　現行法は、受託者の報酬請求権にいて、原則として信託財産から受領すべきものであることを明らかにするとともに、他の債権者と同一の順位で信託財産から回収すべきものであること等を明らかにしている。

2 内容

a　受託者が信託財産から信託報酬を受け取る権利

（a）受託者が信託報酬を受け取ることができる場合（54条1項）

受託者は、①信託行為（信託契約等）において信託報酬を受け取る旨の定めがある場合、②商人がその営業として信託を引き受けた場合には、受託者は信託財産に対して信託報酬を請求することができる。

なお、旧法は、受託者が営業として信託の引受けをする場合に報酬を受けることができる旨規定されていたが（旧法35条）、このほか、商人が営業のために信託を引き受ける場合、すなわち、信託の引受けが付属的商行為に該当する場合にも受託者は当然に信託報酬を受けることができると解されており、現行法はこの点を明確化している。

（b）信託報酬の額（54条2項・3項）

旧法には、信託報酬の額についての明確な定めはなかったが、営業として信託の引受けがなされた場合に受託者が受け取るべき報酬の額は、商法512条に準じて、「相当の額」であると解されており、また、信託報酬を受け取ることができることを定めつつも信託報酬の額又はその算定方法に関する定めを欠く場合も、同様に解されていた。

そこで、現行法はこのような解釈を明確にし、信託報酬の額について、信託行為に信託報酬の額又は算定方法に関する定めがあるときはその定めるところにより、その定めがないときは相当の額とすることが定められた。

なお、信託行為に信託報酬の額について定めがない場合、受託者が「相当の額」として不相当な金額の信託財産を費消するおそれがあるため、受託者は、信託財産から信託報酬を受ける際に、信託報酬の額及び算定根拠を受益者に対して通知しなければならない[1]。

---

[1] なお、商事信託においては、現行の信託業法26条1項11号、同法施行規則33条6項により、信託報酬の額又は計算方法等を信託契約締結時の交付書面に記載することが義務付けられている。

b　受益者から信託報酬を受け取る権利（54条4項・48条5項）

　信託報酬については、費用等の求償に係る48条5項が準用されており、受託者と受益者との個別の合意がある場合にのみ、受託者は受益者に対して信託報酬の支払を請求することができるものとされている。

　なお、受託者と受益者との合意の性質については、前記「16　e　費用等の償還等請求等」についての受託者と受益者との合意と同様、信託契約とは別に締結される信託契約の従たる契約と解されており、受益権の譲渡がなされた場合にも、別途合意をしない限り、受託者に対して信託報酬を支払う義務は承継されない。

c　信託報酬請求権の行使手続等（54条4項）

　受託者の信託報酬請求権の行使手続は、費用等の償還を受ける権利についての規定が準用され費用等の償還等と同一の手続によって行われることとなる[2]。

　もっとも、信託報酬は共益費用、必要費、有益費に該当するとまでは言えず、他の債権者に優先させることについて合理的な理由に乏しいと考えられる[3]ことから、信託財産に係る他の債権者に対する優先権は認められていない。

　さらに、信託報酬の支払時期等については、民法648条2項、3項が準用され、民法上の委任と同様に、信託報酬は事務の履行後（期間によって信託報酬が定められたときは、その期間経過後）に請求することができ、受託者の責めに帰することができない事由によって履行の途中で終了した時は、既にした履行の割合に応じて信託報酬を支給することが規定され、旧法の下での解釈が明確にされた。

〔正田　真仁〕

---

[2] 受託者の費用等の償還等に関する規定のうち、次の各規定が準用される。
・48条4項：受託者の損失てん補責任の先履行
・48条5項：受益者との合意に基づく受益者に対する請求
・49条1項から5項：信託財産から賠償を受ける方法
・51条：受益者、帰属権利者に対する給付との同時履行
・52条：信託財産が不足する場合の信託の終了
[3] 新井　誠『信託法〔第3版〕』189頁（有斐閣・2008年）。

18　受託者が複数の信託に関する規律

＊　関連条文　79条ないし87条

> **現行法のポイント**
> ➤ 受託者が複数ある信託に関して信託事務処理の方法及び共同受託者の責任の内容が明確に。

1　趣　旨

　旧法では、受託者が数人あるときは、①信託財産はその合有になるものとされており（旧法24条1項）、②信託行為に別段の定めがない限り、受託者は共同して信託事務を処理しなければならないものとされていた（旧法24条2項）。

　しかしながら、受託者が共同して事務処理をしなければならないというのでは効率的な事務処理を妨げることになるばかりか、その個々の受託者が負うべき責任の内容もあいまいであると批判されていた。

　そこで、現行法は、効率的に分担して信託事務を処理することを認めるとともに、損失補てん責任において連帯責任を負うことを明らかにしている。

2　内　容

a　信託財産の所有形態

　現行法では、受託者が二人以上ある信託においては、信託財産はその合有とするものとされている（79条）。これは旧法24条と同様の規定であり、(a) 共同受託者はそれぞれ信託財産に対して持分を有しないこと、(b) 信託

財産の分割を請求したり、持分を譲渡したりすることはできないこと、(c)受託者の一部が欠けた場合には、信託財産は残りの受託者に帰属することなどを明らかにしたものとされている。

　この点、共同受託者が信託財産を合有することとし、かつ、信託行為で別段の定めを置くことを許さないとすることに対しては、信託行為に受託者間の職務分掌の定めがある場合など実態に合わない場合があるとの指摘もある。例えば、複数の受託者において財産ごとに職務の分掌をしている場合には、各受託者は分掌された職務を独立して処理するから（下記b(e)参照）、分掌された職務に関連する信託財産についてはその職務を担当する受託者が単独で所有すると考えるのが自然ではないかとの指摘である。しかし、このような考え方を前提とすると、信託行為の定めにより複数の者が受託者として指定された場合、信託財産が共同受託者の合有となるか、それとも特定の受託者の単独所有となるかはさらに信託行為の定め次第ということになり、信託財産に対する強制執行や信託財産の破産に当たって、複雑な法律関係を生じかねない。そこで、共同受託者は信託財産を合有することとし、信託行為で別段の定めを設けることを許容しないこととされている。

b　信託事務処理の方法（80条）

（a）信託事務の決定

　受託者の義務違反行為を防止しつつ、合理的かつ円滑な信託事務処理を実現する観点から、複数の者の意思決定に関する民法の規定（同法252条・670条1項及び1017条1項参照）などを参考として、受託者が二人以上ある信託においては、受託者の過半数をもって信託事務の処理を決定をすることができることとしている（80条1項）。これに反して、受託者が複数いる場合においてある受託者が受託者の過半数の賛成を得ずに第三者とした取引は、受託者の権限に属しない行為になると考えられる。

　この規定は、信託行為（信託契約等）において別段の定めを設けることができる任意規定であり、信託行為に別段の定めがあるときは、その定めるところによるものとされている（同条6項）。

(b) 信託事務の執行

信託事務に必要な意思決定がなされた場合には、各受託者は当該決定に基づいて信託事務を執行することができるものとされ（80条3項）、また、各受託者が当該決定に基づいて信託財産のためにする行為については、各受託者は、相互に代理権を授与されているものとみなされ、各受託者を代理して対外的な執行行為を行うことができる（同条5項）。

したがって、体外的な執行行為を行う受託者は、取引の相手方である第三者との間で、自らを当事者とし、また、他の受託者の代理人として取引をすることになり、このような形で行われた取引については、下記 d (b) に述べるとおり、各受託者は当該取引に係る債務について連帯債務者とされ（83条1項）、その取引の効果は、信託財産に対して帰属するほか、本人たる各受託者の固有財産にもその効果が帰属することになる。これに対し、対外的な執行行為を行う受託者が、信託財産に効果を帰属させる意思をもって、自己の名で第三者と取引をした場合には、当該取引は信託財産に効果が帰属するものの、他の受託者の固有財産にはその効果は帰属しないことになる。

この規定も、信託行為（信託契約等）において別段の定めを設けることができる任意規定であり、信託行為に別段の定めがあるときは、その定めるところによるものとされている（同条6項）。

なお、受益者の意思表示は、共同受託者の一人に対してすれば足りる（同条7項）。共同受託者間においては、相互に連絡関係があることが通常であると考えられることから、受益者が受託者の一人に対して意思表示すれば、その効果は他の受託者にも及ぶとされている。ただし、特定の受託者を意思表示の受領権者とする等の定めを禁止する必要はないため、この規定も任意規定とされ信託行為（信託契約等）で別段の定めをすることができる。

また、第三者の意思表示も共同受託者の一人に対してすれば足りるとされる。一般に、契約の一方当事者が複数の場合には、意思表示は契約当事者の全員に対して向けられなければその効力を生じない（民法544条1項参照）。しかし、信託行為で職務分掌の定めがなされていない場合には、前述のように相互に代理権を授与されているとみなされることから、意思表示の受領についても相互に代理権を授与されているとみなすことができるため、かかる

規定が置かれている。

（c）保存行為を行う場合の特例

保存行為は、その性質上、迅速な処理を必要とするものが多いと考えられることから、このような行為まで信託行為で許容されていない限り、常に共同受託者の過半数で意思決定をしなければならないとすることは適当でない。また、受益者の保護という観点からも、各受託者が単独で保存行為を行うことができた方が信託財産の保全にも資することになると考えられることから、保存行為については、各受託者が単独で決することができるものとされた（80条2項）。

この規定も、任意規定であり、信託行為（信託契約等）に別段の定めがあるときは、その定めるところによるものとされている（同条6項）。

（d）信託行為に職務分掌の定めがある場合の特例

受託者が複数の信託の中には、受託者がそれぞれの専門分野に応じて独立して信託事務を処理することによって信託目的が達成されることを期待して設定されたものもあり得ることから、信託行為に受託者の職務の分掌に関する定めがある場合には、各受託者はその定めに従い、信託事務の処理について決定し、これを執行することとされた（80条4項）。

このように、各受託者が独立して分掌された事務を処理している場合には、ある受託者が信託事務を処理することによって第三者に対して負担した債務について他の受託者がその固有財産で責任を負うとすることは相当ではないと考えられる。そこで、信託行為に職務分掌の定めがある場合には、各受託者の取引は、信託財産を責任財産とする限度で他の受託者にも効果が及ぶものの、固有財産で責任を負うのは当該取引を行った受託者に限られることとされている（83条2項）。

この規定も、任意規定であり、信託行為（信託契約等）に別段の定めがあるときは、その定めるところによるものとされている（同条6項）。

（e）職務分掌者の当事者適格（81条）

信託財産に関する訴えについて、原則として全受託者が原告又は被告にならなければならないが、保存行為又は自己の分掌する事務については、各受託者は、他の受託者のために原告又は被告となることができるものと解され

る（81条）。

c　受託者間の信託事務処理の委託（82条）

受託者が二人以上ある信託においては、各受託者は、信託行為（信託契約等）に別段の定めがある場合又はやむを得ない事由がある場合を除き、他の受託者に対し、信託事務（常務に属するものを除く。）の処理についての決定を委託することができないとされている（82条）。

受託者が複数の信託は、複数の受託者が意思決定に関与することにより、慎重かつ合理的な意思決定がされることを期待して設定されていると考えられる。それゆえ、受託者が、他の受託者に対し、信託事務の決定権限を自由に委託できるとすることは、信託を設定した委託者の合理的な意思に反する結果となりかねない。他方で、一部の受託者について信託事務の決定に関与できない事情が生じた場合には、信託事務の処理が停滞しかねない。そこで、委託者の合理的な意思の尊重と円滑な信託事務の遂行という観点から、信託行為に別段の定めがある場合又はやむを得ない事由がある場合を除き、重要な信託事務の処理についての決定を委託することができないとされた。

d　共同受託者の責任

（a）受益者に対する責任

受託者が二人以上ある信託において、二人以上の受託者がその任務に違反する行為をしたことにより、損失てん補責任等を負う場合には、当該行為をした各受託者は連帯責任を負うものとされる（85条1項）。

共同受託者の受益者に対する責任には、主として、受益債権に関する責任及び任務違反行為をした場合の損失てん補等の責任などがある。このうち前者については、受託者は信託財産のみをもって履行責任を負い、この点は受託者が単数か複数かによって異ならない。また、後者の損失てん補等の責任は、任務違反行為について故意又は過失のある受託者が負うものであるから、受託者が複数の場合に任務違反行為に全く関与していない受託者にも連帯責任を負わせることは、他人の行為に対して責任を負わされることはないという法の一般原則に反し相当ではないと考えられることから、任務違反行

為を行った受託者のみが損失てん補等の責任を連帯して負担することとされている。

また、信託行為に職務分掌の定めがある場合においては、各受託者は分掌された職務の限度で独立して職務を執行することとなるため、その職務執行が任務違反行為に該当する場合であっても、特段の事情がない限り、その受託者のみが責任を負うことになると考えられる。

(b) 取引の相手方に対する責任

受託者が二人以上ある信託において、信託事務を処理するに当たって各受託者が第三者に対し債務を負担した場合には、各受託者は連帯債務者となる (83条1項)。

受託者が第三者に対して負う責任には、信託財産を引当てとする責任と固有財産を引当てとする責任とがある。このうち、信託財産を引当てとする責任については、信託財産は共同受託者の合有であるから、共同受託者が信託財産を引当てにする限度で責任を負うこととなり、これは、受託者が共同して信託事務を処理した場合であっても、信託行為に職務分掌の定めがあり、各受託者が単独で事務を処理した場合であっても変わることはないと考えられる。

これに対し、固有財産を引当てとする責任については、まず、共同受託者が第三者に対して共同して信託事務についての意思決定をしている場合（職務分掌の定めがされていない場合）には、上記b(b)のとおり、各受託者は相互に代理権を授与されているとみなされるため（80条5項）、対外的に職務執行をしたか否かにかかわらず、各受託者は取引の相手方に対し、連帯して責任を負うものと考えられる[1]。保存行為についても同様に考えられる。なお、このような連帯責任は、個々の受託者が対外的な職務執行について反対している場合にも負うと考えられるため、実務上は、全受託者が全員一致によって職務執行を行う等の方策をとることが必要になると思われる。

他方で、信託行為に職務分掌の定めがある場合においては、各受託者は分

---

[1] ただし、対外的な職務執行を行った受託者が、自己の名において取引を行った場合には、当該取引の効果は信託財産及び当該受託者のみに帰属することになる。

掌された職務の限度において独立して事務を処理するから、ある受託者がその定めに従い信託事務を処理するに当たって第三者に対し債務を負担したときは、当該職務を執行した受託者だけが第三者に対して責任を負い、他の受託者は、信託財産に属する財産のみをもってこれを履行する責任を負う。ただし、当該第三者が、その債務の負担行為を行った当時、当該行為が信託事務の処理としてされたこと及び受託者が二人以上ある信託であることを知っていた場合であって、信託行為に受託者の職務分掌に関する定めがあることを知らず、かつ知らなかったことにつき過失がなかったときは、当該他の受託者は、これをもって当該第三者に対抗することができない（83条2項）。このような場合にまで職務を執行した受託者のみが責任を負うことは相当でないため、権利外観法理により、第三者を保護することとしたものである。

e その他

（a）受託者の一部が引受けを拒絶した場合等の扱い

受託者が二人以上ある信託においては、その一人の任務が終了した場合には、信託行為（信託契約等）に別段の定めがある場合を除き、その任務が終了したときに存する信託に関する権利義務は他の受託者が当然に承継し、その任務は他の受託者が引き継いで行うこととなる。共同受託者の一部の任務が終了した場合において、残存する者を受託者として当該信託を存続させても委託者の意思に反しない場合には、その方が便宜であると考えられたものである。

また、信託行為（信託契約等）の定めにより複数の者が受託者として指定された場合において、その指定された者の一部が信託の引受けを拒絶し、又は引受けをすることができなかったときは、残りの者を受託者とすることによって信託が有効に存続することを期待していると考えられることから、信託財産は、別段の事情がない限り、引受けを承諾した他の受託者に帰属することとし、当該信託が有効に成立し、存続するものと解される。

（b）受託者の変更等に関する特例

受託者が二人以上ある信託において、受託者の一人の任務が終了したときは、委託者及び受託者は、その合意により、当該受託者の任務を承継する受

託者を選任することができる。ただし、信託行為（信託契約等）に別段の定めがあるときはその定めるところに従うこととなる（62条1項）。

〔武智　克典〕

19　受託者の解任及び辞任

＊　関連条文　57条・58条

> **現行法のポイント**
>
> ➤ 委託者及び受益者は、信託行為に別段の定めがなければ合意により受託者を解任することが可能に。
>
> ➤ 受託者は、信託行為に別段の定めがなければ委託者及び受益者の同意を得て辞任することが可能に。

1　趣　旨

　旧法では、委託者、その相続人又は受益者による受託者の解任は、任務懈怠等の重要な事由があることを前提に、裁判所の関与の下で行うこととされていた（旧法47条）。他方、自益信託であれば、委託者又はその相続人はいつでも信託を解除することができ（旧法57条）、他益信託であっても、委託者又はその相続人は、受益者の承諾があればいつでも信託を解除することができるから、委託者又はその相続人は、信託の解除という方法を通じて受託者の解任を実現することが可能であるとされていた。

　しかし、現行法では、このような解除の手続によることなく、委託者及び受益者の合意により、受託者をいつでも解任できることとし、裁判所の関与も不要とした。

2 内　容

a　受託者の解任

　委託者及び受益者は、いつでも、その合意により受託者を解任することができる（58条1項）。もっとも、受託者の不利な時期に解任したときは、民法651条2項の規定に倣い、やむを得ない事由があったときを除き、委託者及び受益者は、受託者の損害を賠償しなければならないとされる（58条2項）。ただし、これらの規定は、信託行為（信託契約等）において別段の定めを設けることができる任意規定とされている（同条3項）。

　受託者がその任務に違反して信託財産に著しい損害を与えたことその他重要な事由があるときは、裁判所は、委託者又は受益者の申立てにより、受託者を解任することができる（同条4項）。これは、旧法の趣旨を維持し、受益者と委託者とが受託者の解任について同意できない場合には、裁判所に対して受託者の解任を請求することができることとするものである。

b　受託者の辞任

　受託者は、信託行為（信託契約等）に別段の定めがない限り、委託者及び受益者の同意を得て、辞任することができる（57条1項）。また、受託者はやむを得ない事由があるときは、裁判所の許可を得て、辞任することができる（57条2項）。

　受託者は、信託財産の管理処分等の重大な責任を負っていることに加え、委託者及び受益者が受託者の辞任後に新受託者を選任することは必ずしも容易ではないことにかんがみ、その自由な辞任は認めるべきではないと考えられたことから、やむを得ない事由がない限りは、受益者と委託者の同意がない限り、辞任することはできないとされている。

〔小室　太一〕

20　解任及び辞任以外の受託者の任務終了事由

* 関連条文　56条

> **現行法のポイント**
>
> ➤ 信託行為において定めた事由が受託者の任務の終了事由となることが明確に。

1　趣　旨

　旧法では、受託者の死亡、破産手続開始の決定、後見開始若しくは保佐開始の審判又は法人たる受託者の解散があった場合には、受託者の任務が終了する（信託自体は当然には終了しない）とされていた（旧法42条1項）。

　現行法では、これらの規定を原則として維持した上で、信託行為（信託契約等）により受託者の任務終了事由を定めることができることが明確にされている。

　また、旧法は、特定の資格に基づいて受託者となった者がその資格を喪失したときは受託者の任務が終了するとしていた（旧法44条）が、現行法では、これに相当する規定は設けられていない。これは、特定の資格を有することが受託者の要件とされている場合には信託行為（信託契約等）において受託者の任務終了事由として、その資格を喪失したことが定められていると解釈することができ、あえてこのような規定を設ける必要がないからである。また、現行法では、そもそも、委託者と受益者との合意によりいつでも受託者を解任できるとしている（19 2 a参照）ことから、委託者と受益者の合意により適宜受託者を解任すれば足りるとも考えられ、この点においても、現行法においては旧法のような規定を設ける必要がないといえる。

2　内　容

　受託者の任務は、解任又は辞任があった場合のほか、次の場合に終了するものとされた（56条1項）。
① 　受託者である個人の死亡
② 　受託者である個人が後見開始又は補佐開始の審判を受けたこと
③ 　受託者（破産手続開始により解散するものを除く。）が破産手続開始の決定を受けたこと
④ 　受託者である法人が合併以外の理由により解散したこと
⑤ 　信託行為（信託契約等）において定めた事由

　なお、上記③については、信託行為（信託契約等）において別段の定めを設けることができるとされている（56条1項ただし書）。これは、現行法においては、破産者の再生を必要以上に妨げないようにするという視点から受託者の不適格事由から破産者を除外したことなどを受け（7条）、このような特約の効力を否定する必要はないと考えられたためである。

〔小室　太一〕

21　合併又は会社分割による受託者の変更

* 関連条文　56条1項・2項

> 現行法のポイント
>
> ➤ 受託者が合併又は会社分割する場合には、受託者の任務が存続会社に包括承継されることを明確に。

1　趣　旨

　旧法においては、受託者たる株式会社が合併し、解散する場合には、受託者の任務は終了し（旧法42条1項）、利害関係人は裁判所に対して新受託者の選任を請求することとされていた（旧法49条）。また、営業信託の場合には、受託者の任務は終了しないことが原則となるが（信託業法40条1項参照）、受益者が1人でも異議を述べたときは、上記の原則に戻ることとされていた（同条2項参照）。

　しかし、そもそも合併がされる場合には、他の債務や契約上の地位も含めて包括承継されるのが原則であるから、受託者の任務を終了させることに合理性があるかは疑問である。特に、受託者が消滅会社である場合には、存続会社の方が消滅会社である受託者よりも資力が充実しているのが通常であり、合併が受益者の利益に資することが多いと考えられるにもかかわらず、受託者としての任務を一律に終了させ、委託者及び受託者の合意又は裁判所の関与により存続会社を再度受託者として選任することは手続として迂遠である。

　そこで、現行法においては、合併の場合、受託者の任務は他の債務と同様に包括承継されることとされた（56条2項）。

　また、会社分割の場合には、旧法においては明文の定めがないことから

(旧法42条1項参照)、受託者の任務が終了するか否かが明確でない。

現行法においては、会社分割の場合も合併の場合と同様に、受託者の任務は部分的包括承継の対象として移転されることとしている(56条2項)。

2 内 容

a 合併による受託者の変更

現行法においては、法人である受託者の合併による解散は、受託者の任務の終了事由から除外され(56条1項4号)、前記のとおり、受託者の任務は合併後存続する会社又は合併により設立する法人に包括承継されることとされた(同条2項)。

なお、旧法において、受益債権を有する受益者も受託者が合併する場合の会社法上の債権者保護手続の対象となると考えられるところ、受益債権の履行については、信託財産の限度においてしか責任を負わないとされていることを前提とすると、合併が受益者の財産的基盤を脅かすことは定型的に存在しないと考えられることから、受益債権については会社法上の債権者保護手続(会社法789条参照)の対象とはしないものとされた(266条)。ただし、この場合でも、受託者の固有財産に対して有する損害賠償債権については異議を述べることができることに留意する必要がある。

b 会社分割による受託者の変更

合併の場合と同様の考え方により、上記のとおり、受託者である法人が会社分割により受託者としての権利義務を承継する場合も、権利義務を継承する法人が受託者の任務を引き継ぐものとされた(56条2項)。また、この場合も、合併と同様で受益債権については、会社法上の債権者保護手続(会社法799条参照)の対象とはしないものとされた(266条)。

c その他

前記aと同様の考え方から、受益債権については、資本減少及び法定準

備金減少の手続においても、会社法上の債権者保護手続の対象とはしないものとされ、信託財産に属する財産のみを責任財産とする信託債権を有する者についても、同様とされた（266条）。

〔小室　太一〕

22　前受託者等の義務

＊　関連条文　59条・60条

> **現行法のポイント**
> ▶ 新受託者等が信託事務の処理を行うことができるようになるまでの前受託者等の引継ぎ等の内容を明確に。

1　趣　旨

　旧法は、受託者の任務が終了した場合に受託者の不在により信託財産に損害が生じないようにするため、受託者であった者（以下「前受託者」という。）の任務終了事由に応じて、新受託者が信託事務を処理できるようになるまでの間の信託財産の保管等を行う者を決めるなどしていた（旧法42条2項・45条・48条）。

　現行法においては、旧法の考え方を踏襲しつつ、信託財産管理者を選任することができる場合が広げられたこと（64条参照）などにあわせ、前受託者が行うべき内容等を明らかにしている。

　なお、本項で扱うのは、受託者の任務終了後、新受託者等が信託事務の処理を行うことができるようになるまでの間の前受託者等の義務に関するものであり、その後、新受託者が選任され、受託者の交代が行われる際の法律関係については、後記「24　受託者の交代に伴う法律関係」において述べる。

2 内　容

a　受託者の解任等による任務の終了の場合

（a）辞任等の事由（現行法 56 条 1 項 4 号から 7 号までの事由[1]（以下「辞任等」という。））により、受託者の任務が終了した場合には、前受託者は、受益者に対し、その旨を通知しなければならない。ただし、信託行為（信託契約等）に別段の定めがあるときは、その定めるところによる（59 条 1 項）。

これは、受託者の任務の終了に伴い、すみやかに受益者において新受託者を選任し、信託財産を適切に管理・処分させる必要があるからである。なお、受託者の任務が終了した場合に備え、受託者となるべき者を予め定めておく場合などには、このような通知を不要とする定めを信託行為（信託契約等）において行うことは可能である。

（b）辞任等により受託者の任務が終了した場合には、前受託者は、新たな受託者又は信託財産管理者（以下「新受託者等」という。）が信託事務を処理することができるようになるまで、引き続き信託財産に属する財産の保管をし、かつ、信託事務の引継ぎに必要な行為をしなければならない。ただし、信託行為（信託契約等）に別段の定めを設け、その義務を加重することができる（59 条 3 項）。また、信託行為に別段の定めを設ける場合には、前受託者のかかる義務は加重することはできても、軽減することはできないこととされている。

また、例外的に、受託者が委託者及び受益者の同意を得て辞任することにより受託者の任務が終了した場合には、前受託者は、新受託者等が信託事務の処理をすることができるようになるまで、信託財産の保管等、引継ぎのための事務のみならず引き続き受託者としての権利義務を有するとされる（59 条 4 項）。このような事由による辞任の場合には、受託者の権利義務を限定すべき必要性に乏しく、受託者として引き続き信託事務の処理を継続させるこ

---

[1] 受託者の辞任、受託者の解任又は信託行為において定めた事由が発生したことをいう。

とがかえって受益者の利益となると考えられたからである。

なお、受託者が辞任等によりその任務を終了した場合（ただし、受託者が委託者及び受益者の同意を得て辞任した場合を除く。）において、前受託者が信託財産に属する財産の処分をしようとするときは、受益者は、新受託者等が信託事務の処理をすることができるようになるまでの間、当該財産の処分をやめることを請求することができることとして、受益者の保護を図っている（59条5項）。

b 受託者の死亡等による任務の終了の場合

(a) 受託者である個人が死亡し、又は後見開始若しくは保佐開始の審判を受けたこと（以下「死亡等」という。）により受託者の任務が終了した場合において、受託者の相続人（法定代理人が存在する場合には法定代理人）又は成年後見人若しくは保佐人（以下「前受託者の相続人等」と総称する。）がその事実を知っているときは、前受託者の相続人等は、知れている受益者に対してこれを通知しなければならない（60条1項）。相続人等は、被相続人等が受託者であった事実や受益者を知らないこともあり得るため、任務終了の事実を知っている場合に限り、知れたる受益者に対する通知義務を課している（59条1項）。なお、この通知義務は前記ａにおいて述べたとおり信託行為（信託契約等）により、別段の定めを設けることができる。

(b) 死亡等の理由により受託者の任務が終了した場合、前受託者の相続人等は、新受託者等又は信託財産法人管理人が信託事務を処理できるようになるまで、信託財産に属する財産の保管をし、かつ、信託事務の引継ぎに必要な行為をしなければならない（60条2項）。信託財産を保護するため、緊急避難的に相続人等に対して信託財産の保管及び事務の引継ぎに必要な行為をすべき義務を課すものであり、辞任等により受託者の任務が終了した場合と同様である。この場合においても、前受託者の相続人等が信託財産に属する財産の処分をしようとするときは、受益者は、新受託者等又は信託財産法人管理人が信託事務の処理をすることができるようになるまでの間、これらの者に対して、当該財産の処分をやめるように請求することができるものとして受益者の保護を図っている（60条3項）。

(c) なお、前受託者の相続人等は、新受託者等又は信託財産法人管理人に対し、上記（a）及び（b）の行為をするために支出した費用及び支出の日以後におけるその利息の償還を請求することができる（60条6項）。相続人等がかかる費用の償還を受けるべきであることは当然であるが、信託財産の保管を行う者が、費用の償還を直接信託財産から受けるとするのは信託財産保全の観点から望ましくないため、新受託者等に償還を請求するものとしている。なお、信託財産管理人又は信託財産法人管理人は、前受託者又は信託財産法人に帰属する財産の管理者に過ぎず、固有財産で責任を負う者ではないため、相続人等からの費用償還請求の責任は、信託財産に限定される。また、この相続人等の費用償還請求権の取扱いについては、受託者の費用等の償還に関する優先権の定め（49条6項・7項）が準用される（60条7項）。

c 受託者の破産による任務の終了の場合

（a）受託者が破産手続開始の決定を受けたことにより受託者の任務が終了した場合には、前受託者は、信託行為に別段の定めがある場合を除き、受益者に対し、その旨を通知しなければならないほか（59条1項）、破産管財人に対し、信託財産に属する財産の内容及び所在、信託財産責任負担債務の内容等の事項を通知しなければならない（同条2項）。受益者が速やかに新受託者を選任し、信託財産の破産財団への混入を防止するとともに（25条参照）、破産管財人に円滑に事務を引き継ぐことにより、信託財産の管理を適正なものとしようとするものである。

（b）受託者が破産手続開始の決定を受けたことにより受託者の任務が終了した場合には、破産管財人は、新受託者等が信託事務を処理することができるようになるまで、信託財産に属する財産の保管をし、かつ信託事務の引継ぎに必要な行為をしなければならないとされている（60条4項）。また、受託者が辞任等により任務を終了した場合と同様に、破産管財人が信託財産に属する財産の処分をしようとするときは、受益者は、新受託者等又は信託財産法人管理人が信託事務の処理をすることができるようになるまでの間、これらの者に対して、当該財産の処分をやめるように請求することができるものとして受益者の保護を図っている（60条5項）。

(c) なお、破産管財人は、相続人等が信託財産の管理のために費用を負担した場合と同様に新受託者等に対し、新受託者に引き継ぐまでの信託財産の管理のために負担した費用及び支出の日以後におけるその利息の償還を請求することができるとされている（60条6項）。

〔武智　克典〕

23　新受託者の選任

* 関連条文　62条

> **現行法のポイント**
> ➢ 委託者及び受益者の合意により新受託者を選任することが可能に。

1　趣　旨

　旧法においては、委託者の任務が終了した場合、利害関係人は新受託者の選任を裁判所に請求することができるとされていた（49条1項）ほか、その解釈において、委託者及び受益者の合意により新受託者を選任することが可能との見解が有力であった。

　現行法においては、旧法の解釈を踏襲し、委託者と受益者の合意により新受託者を選任することができることとした。

2　内　容

a　合意による新受託者の選任

　受託者の任務が終了した場合において、信託行為に新たな受託者（以下「新受託者」という。）に関する定めがないか、又は信託行為において新受託者となるべき者として指定された者が信託の引受けをせず、若しくは引受けをすることができないときは、委託者及び受益者はその合意により新受託者を選任することができるとされている（62条1項）。なお、新受託者となるべき者として指定された者の就任に関する催告については、遺言信託における受託者の選任における手続（5条1項・2項）と同様の手続が設けられている（62

条2項・3項)。

b 裁判所による新受託者の選任

aの場合において、委託者と受益者との合意にかかる行為の状況その他の事情に照らして必要があると認めるときは、裁判所は、利害関係人の申立てにより、新受託者を選任することができる（62条4項）。この裁判には理由を付さなければならず（同条5項）、委託者若しくは受益者又は現に存する受託者は、即時抗告をすることができるとされている（同条6項）。

〔武智　克典〕

24　受託者の交代に伴う法律関係

＊　関連条文　75条から78条

> **現行法のポイント**
>
> ➤ 新受託者は、前受託者の任務が終了した時の権利義務を承継することを明確に。
> ➤ 債務の承継に伴う前受託者及び新受託者の責任の範囲を明確に。
> ➤ 新受託者への引継事務等を明確に。

1　趣　旨

　現行法は、受託者の任務が終了した場合の信託財産の帰属、新受託者に対する権利義務の承継、債務の承継に伴う前受託者及び新受託者の責任の範囲及び新受託者への事務の引継ぎ等について、旧法の規定を踏襲しつつ、より具体的な規定を設け、受託者の交代に伴う法律関係を明確にしている。

2　内　容

a　受託者の全部の任務が終了した場合の信託財産の帰属

　受託者の任務が終了し、新受託者が就任したときは、新受託者は、前受託者の任務が終了した時に、その時に存する信託に関する権利義務を前受託者から承継したものとみなされている（75条1項）。前受託者の任務が終了した後、新受託者が選任されるまでの間、信託財産が誰に帰属するかについて必ずしも明確に規定していないが、前受託者に信託財産が帰属すると考えられ

ている。

　一方、受託者の任務が受託者の死亡により終了した場合には、信託財産は法人とされる（74条1項）。前受託者が死亡した場合には、もはや前受託者に信託財産が帰属しているということはできないことから、相続人の存否が明らかでない場合に相続財産が法人と擬制されること（民法951条参照）と同様に、信託財産をもって法人と擬制しているのである（以下かかる法人を「信託財産法人」という。）。裁判所は、必要があると認めるときは、利害関係人の申立てにより、信託財産法人管理人による管理を命ずる処分をすることができる（74条2項）。

　新受託者が就任したときは、信託財産の帰属すべき主体が明確になり、信託財産を法人と擬制する必要がなくなることから、この場合には、信託財産法人は当初から成立しなかったものとみなされる（74条4項）。

b　新受託者に対する権利義務の承継

　上記aで述べたように、現行法は、受託者の任務が終了し、新受託者が就任したときは、新受託者は、前受託者の任務が終了した時に、その時に存する信託に関する権利義務を前受託者から承継したものとみなされている（75条1項）。なお、旧法は、承継の対象を「信託財産」としている（旧法50条1項）が、旧受託者から新受託者へ承継されるのは、必ずしも信託財産だけではないと解されている[1]。そこで、例えば、前受託者が信託事務の処理に当たって第三者と締結した契約上の地位も承継の対象となることを明確にするため、承継の対象を「権利義務」としている。なお、信託に関する義務には、受益債権にかかる債務が含まれるが（旧法52条1項参照）、損失てん補債務のように前受託者がその固有財産のみで負担する債務は含まれない（75条5項参照）。

　前受託者が、委託者及び受益者の同意を得て辞任した場合には、新受託者は、新受託者等が就任した時に、その時に存する信託に関する権利義務を前受託者から承継したものとみなされる（75条2項）。

---

[1] 新井　誠『信託法〔第3版〕』248頁（有斐閣・2008年）。

前受託者は、その任務の終了後も、新受託者又は信託財産管理者が信託事務を処理することができるようになるまで信託財産の保管等をすることを要する（59条3項）。また、信託財産管理者又は信託財産法人管理人は、信託財産法人又は前受託者の財産の管理人と位置付けられる。そこで、現行法は、新受託者が就任するまでの間に前受託者、信託財産管理者又は信託財産法人管理人がその権限内でした行為の効力を妨げないと規定し、これらの行為の効力は失われないことを明確化している（75条3項）。

c 債務の承継に伴う前受託者及び新受託者の責任の範囲

前記aのとおり、前受託者は、任務が終了した時点（委託者と受益者の同意を得て辞任した場合には、新受託者等が就任した時点）で信託に関する権利義務を新受託者に承継させるが、この場合にも、信託財産を引当とする債務（信託財産責任負担債務）については、信託財産に属する財産のみをもって当該債務を履行する責任を負う場合を除き、その固有財産をもって弁済の責任を負う（76条1項）。

これに対し、新受託者は、信託に関する権利義務を承継した場合、その債務に関しては、信託財産に属する財産のみをもってこれを履行する責任を負う（同条2項）。かかる債務については、新受託者は自ら信託事務を処理したことに基づく債務ではないため、信託財産の限度において責任を負うとしたものであり、旧法（52条3項）の規定の趣旨が維持されている。

d 新受託者への事務引継ぎ等

新受託者等が就任した場合には、前受託者は、遅滞なく、信託事務に関する計算を行い、全受益者及び信託管理者に対してその承認を求めるとともに、新受託者等が信託事務の処理を行うのに必要な信託事務の引継ぎをしなければならない（77条1項）。また、受益者がかかる計算を承認した場合には、当該承認をした受益者に対する信託事務引継ぎに関する責任は、前受託者の職務の執行に不正の行為があったときを除き、旧法（55条）と同様に、免除されたものとみなされる（同条2項）。ただし、事務の引継ぎに際し、常に受益者に立会いを求めることは非現実的であるため、旧法とは異なり、受

益者の立会いを求められてはいない。
　また、受益者が前受託者の行った信託事務に関する計算を承認した場合のほか、その計算の承認を求められた時から1か月以内に異議を述べなかった場合には、当該受益者はかかる計算を承認したとみなされる (77条3項)。
　なお、前受託者の死亡等や破産手続開始によりその任務が終了したときは、前受託者は実際上引継義務を果たすことはできないため、前受託者の相続人等又は破産管財人がこの引継ぎに関する義務を負うこととされている (78条)。

〔武智　克典〕

25　信託財産管理者

* 関連条文　63条から69条

> **現行法のポイント**
> ➤ 裁判所が利害関係人の申立てにより信託財産管理者を選任することが可能に。

1　趣　旨

　信託財産管理者（旧法では信託財産管理人）は、前受託者に代わって信託財産を保護するために選任される法定の財産管理人であり、旧法においては、裁判所が受託者の辞任を許可した場合又は受託者を解任した場合に職権で選任するものとされていた（旧法48条）。
　しかし、信託財産の保護のために信託財産管理者を選任する必要があるのは、これらの場合に限られない。例えば、委託者と受益者との合意に基づき受託者が解任された場合（57条1項）には、解任された受託者は、新受託者が事務の処理をすることができるようになるまで信託財産の保管等を行うが（59条4項）、解任の事由によってはかかる事務を前受託者が行うこと自体が適当でない場合も考えられる。
　そこで、現行法では、信託財産管理者について、受託者の任務終了の事由による限定を設けることなく、必要があると認める場合に、裁判所が利害関係人の申立てにより選任することができるものとしている（63条1項）。

2 内　容

a　信託財産管理者の選任

　受託者の任務が終了した場合において、新受託者が選任されておらず、かつ、必要と認めるときは、新受託者が選任されるまでの間、裁判所は、利害関係人の申立てにより、信託財産管理者による管理を命ずる処分をすることができる（63条1項）。旧法では、信託財産管理者の選任は職権により行われるものとされていたが（旧法48条）、現行法では、裁判所による新受託者の選任は、利害関係人の請求がある場合に限られ（62条4項）、裁判所の職権による監督権の行使については、私的自治の尊重の観点からこれを認めないとしている（現行法には旧法41条に相当する規定は設けられていない。）。

　信託財産管理者が選任された場合には、受託者の職務の遂行並びに信託財産に属する財産の管理及び処分をする権利は、信託財産管理者に専属し、前受託者はこれを行使することができない（65条・66条）。

b　信託財産管理者の権限

　信託財産管理者は、(a)信託財産に属する財産の保存行為、及び(b)信託財産に属する財産の性質を変えない範囲内において、その利用又は改良を目的とする行為を行うことができることが明示され（66条4項各号）、かかる行為の範囲を超える行為をするためには、裁判所の許可を得なければならない（同項柱書）。これらの規定に反して行われた信託財産管理者の行為は無効とされるが、信託財産管理者は、これをもって善意の第三者に対抗することはできない（同条5項）。

　また、信託財産管理者は、その職務の執行について、受託者と同一の義務と責任を負うとされ（69条）、信託財産に関する訴えについては、信託財産管理者を原告又は被告とするものとされている（68条）。

〔武智　克典〕

第4章　受益者・受益権

1 受益者の利益の享受
2 受益の放棄
3 受益者を指定し又は変更する権利
4 遺言代用の信託
5 いわゆる後継ぎ遺贈型の受益者連続
6 信託管理人等
7 信託行為の定めによる受益者の権利の制限
8 受益権取得請求権
9 受益者が複数の場合の意思決定方法
10 受益権の譲渡
11 受益債権についての物的有限責任
12 受益債権と信託債権との優先劣後関係
13 受益債権等の消滅時効等

1　受益者の利益の享受

＊　関連条文　88 条

> **現行法のポイント**
>
> ➤　信託行為によって受益者として指定された者は、当然に受益権を取得し、受託者からの通知により受益権を行使することが可能に。

1　趣　旨

　旧法は、「信託行為ニ依リ受益者トシテ指定セラレタル者ハ当然信託ノ利益ヲ享受ス」（旧 7 条本文）と定め、受益者として指定された者は、受益の意思表示をすることなく、信託の設定と同時に、当然に受益権を取得することとしていたが、その受益者が、信託行為により受益者となるべき者に指定されていたことを知らない場合には、受益者としての権利を適切に行使することができないなど[1]の問題があった。

　そこで、現行法は、このような旧法の考え方を踏襲しつつ、受益者として指定された者への通知を義務づけることにより、受益者に受益者としての権利行使等を適切に行うことができるよう配慮することとしている。

---

[1] 旧法の下では、受託者に対し、受益者に対する費用等の補償請求権を認めており（旧法 26 条 2 項）、受益者たる地位には負担が伴っていたことから、受益者のあずかり知らないところで、何らかの負担が生ずる可能性も存在していた。

2 内　容

a　受益権の取得時期

　現行法は、旧法7条と同様、受益者として指定された者は、信託行為において別段の定めがない限り、受益の意思表示をすることなく、信託の設定と同時に、当然に受益権を取得することとしている（88条1項）。

　なお、受益権の取得時期については、信託行為において別段の定めをすることもできるため、信託行為において期限や停止条件（例えば、受益者の受益の意思表示を要件とすることなどが考えられる。）を設けることもできる。

b　通　知

　現行法は、受益者として指定された者が、受益者としての権利行使の機会を失うことがないよう、受託者は、受益者として指定された者が受益権を取得した事実を知らない場合にはその事実を通知しなければならないとし、受益者の保護を図っている（88条2項本文）。

　ただし、信託行為（信託契約等）により、別段の定めを行うことができることとされている（88条2項ただし書）。別段の定めとしては、通知義務者を受託者ではなく、委託者に義務づけること等が考えられよう。

　また、例えば、親が委託者となって、その資産を信託財産として、子を受益者とする信託を設定したが、子が受益権取得の事実を知ってしまうとその後の努力を怠るのではないかという点を懸念し、受益権取得の事実を秘しておきたいという場合も考えられる。このような場合には、受益者に対して通知をしないという定めをおくことも考えられる。

〔武智　克典〕

2　受益権の放棄

* 関連条文　99条

> **現行法のポイント**
> ➤　受益者は、原則として受益権を自由に放棄することが可能に。

1　趣　　旨

　受益者は、受益の意思表示をすることなく当然に受益権を取得することになる (88条) ことから、受益者として指定された者に対し、受益権を放棄する機会を与えるべきであると考えられるが、旧法は、受益権を放棄することができる受益者の範囲が明らかではない、あるいは、受益者が受益権を放棄した場合の効果が明らかではないとの指摘がされていた。
　そこで、現行法は、受益権放棄の要件及び効果を明らかにするための規定が設けられている。

2　内　　容

　受益者は、受託者に対し、受益権を放棄する旨の意思表示をすることができることとしたが、他方で、受託者は受益権が放棄され信託が終了することにより損害を受けるというリスクを負担することになる。そこで、受益者自らが信託行為の当事者として信託契約を締結した場合には、受益権を放棄することはできないこととしている (99条1項)。
　また、現行法は、自己の意思に反して利益又は不利益を強制されることはないという民法の一般原則を踏まえ、受益権放棄の意思表示をした場合には、その意思表示をした者は、第三者の利益を害さない限度において当初か

ら受益権を有していなかったものとみなすこととしている（99条2項）。

　なお、ここでいう「第三者」には、受託者や他の受益者も含まれると考えられる。

　このように、受益権が放棄されてしまうと、法律関係を再整理する必要が生じ得ることから、信託をめぐる利害関係者の確定という観点からいえば、受益者が信託行為の当事者となっておらず、かつ、受益者として指定されたことを認識していないおそれがある場合には、早期に受益者となった者に対して通知を行うとともに、相当期間内に放棄をするか否かの意思決定を求め、受益者となるべき者を早期に確定することができるようにする必要がある。

〔武智　克典〕

3　受益者を指定し又は変更する権利

＊　関連条文　89条

> 現行法のポイント
>
> ➤ 受益者指定権を有する者は、受託者に対する意思表示によって行使が可能に。
> ➤ 受益者指定権の行使は、遺言によっても行使が可能に。
> ➤ 受益者指定権は原則として相続することが不可能であることを明確に。

1　趣　旨

　旧法は、信託行為（信託契約等）において受益者その他の者に対し、受益者を指定し、又は変更する権利（以下「受益者指定権等」という。）を付与することについて制限していなかったため、旧法の下でも、このような権利を設定することは許されると解されていた。

　しかし、受益者指定権等の設定方法、設定された場合の関係者間の具体的な法律関係及び行使方法等は、旧法の下においては必ずしも明確ではなかった。

　そこで、現行法は、この受益者指定権等について、設定方法、設定された場合の関係者間の具体的な法律関係及び行使方法等について具体的な規定を設けている。

2 内　容

a　受益者指定権等の行使方法

　受益者指定権等の行使は、後記 b に述べるとおり、受益者として指定された受益者と受託者との間に受益者・受託者という法律関係を発生させることになるため受託者に対する意思表示によって行うこととしている（89条1項）。

　それゆえ、受益者指定権等の効力の発生時期については、民法の意思表示の規定が適用され、受託者にその意思表示（受益者となるべき者の指定、受益者の変更等）が到達してはじめて効力が生ずることとなる（民法97条）。

　なお、受託者が受益者指定権等を有している場合には、受託者は、受益者となるべき者に対して受益者指定権等を行使することになる（89条6項）。

　また、この意思表示は、遺言によっても行うことができる（89条2項）が、このような受託者の関与し得ない単独行為により受益者が指定又は変更された場合には、受託者がそのことを知るまでの間は、かかる受益者の指定又は変更を受託者に対抗することができない（89条3項）。

b　受益者指定権等の行使の効果

　受益者指定権等の行使により、受益者として指定された者は、受益の意思表示をすることなく受益権を取得することとしている（88条1項）。これは、現行法の下では、受益者には信託事務処理のための費用や受託者に対する報酬を支払うべき義務などの負担がないことにかんがみ、信託の設定時に受益者が受益権を取得する場合と同様に、受益の意思表示を不要としたものである。また、この場合において、受益者として指定された者が、そのことを知らないおそれがある場合には、受託者は、その者に対し、受益者として指定された旨を通知しなければならない（88条2項）。

　また、他方で、受益者変更権が行使された場合には、従前、受益者であった者は、当然にその地位を失うことになるが、受益者変更権の行使そのもの

を知り得ないおそれがある。そこで、受託者は、受益者変更権が行使された場合には、信託行為に別段の定めがない限り、従前、受益者であった者に対し、遅滞なく、その旨を通知しなければならないこととしている（89条4項）。

c　受益者指定権等の一身専属性

受益者指定権等については、通常、これを設けた委託者が相続人に受益者指定権等を承継させることを想定していないことにかんがみ、信託行為に別段の定めがない限りは、相続によって相続人に承継されることはないこととしている（89条5項）。

したがって、信託行為に別段の定めがない場合において受益者指定権等を有する者が死亡したときには、まず、①受益者指定権を行使することなく死亡したときは、受益者を指定することが不可能となるため、信託の目的を達成することが不可能となり、目的達成の不能を理由に信託は終了することとなり（163条1号）、また②受益者変更権を行使することなく死亡したときは、変更される可能性がなくなるという点において、現在の受益者が、受益者として確定することとなる。

〔武智　克典〕

4　遺言代用の信託

＊　関連条文　90条・148条

> **現行法のポイント**
> ➢ 遺言代用信託において、原則として、受益者変更権は委託者に。
> ➢ 遺言代用信託において、死亡後受益者は、委託者が死亡してはじめて受益者となることが可能に。

1　趣　旨

　旧法の下では、委託者が死亡した後、受益権又は信託財産に係る給付を受ける権利を取得する受益者（以下「死亡後受益者」という。）が定められている信託（いわゆる、遺言代用信託）については、特に定めがなく、必ずしもその法律関係が明確ではなかった。
　そこで、現行法は、具体的な規定を設け、遺言代用信託における関係者間の法律関係を明らかにしている。

2　内　容

a　死亡後受益者の変更権

　遺言代用信託においては、信託契約において別段の定めがあるほか、委託者は、死亡後受益者を変更する権利を有するものとし、死亡後受益者は、委託者が死亡するまでは、受益者としての権利を有しない（90条）。
　なお、信託契約において別段の定めを置くこととしても、遺言代用信託における受益者の指定等については、遺言における承継人の指定等と同様、委

託者の意思を最大限尊重すべきであると考えられる。

　b　委託者の権利

　遺言代用信託において、委託者の死亡前はもちろんのこと、又は委託者の死亡後であっても、現に指定された受益者が存在しない場合には、受益者が具体的に定められることがない目的信託と同様の利益状況にあるものと考えられることから、委託者の意思を尊重することとし、委託者の権利が広く認められている。

　具体的には、遺言代用信託において、委託者は、以下に掲げる権利を有するとされている（148条・145条2項・4項）。もっとも、信託行為によって、これらの権利を制限することは可能である（148条ただし書）。

① 信託財産に属する財産に対する強制執行等に対する異議を主張する権利（23条5項・6項）
② 受託者の権限違反行為の取消権・旧受託者の権限違反行為の取消権（27条1項・第2項・75条4項）
③ 利益相反取引の取消権（31条6項・7項）
④ 受託者の権限外行為を信託財産のための行為とみなす権利（介入権）（32条4項）
⑤ 帳簿等の閲覧又は謄写の請求権（38条1項）
⑥ 受益者の氏名等の開示の請求権（39条1項）
⑦ 受託者に対する損失のてん補又は原状の回復の請求権（40条1項）
⑧ 法人である受託者の役員に対する損失のてん補又は原状の回復の請求権（41条）
⑨ 受託者に対する違反行為の差止めの請求権（44条）
⑩ 裁判所に対する検査役の選任の申立権（46条1項）
⑪ 前受託者に対する信託財産に属する財産の処分の差止めの請求権（59条5項）
⑫ 前受託者の相続人等・破産管財人に対する信託財産の処分の差止めの請求権（60条3項・5項）
⑬ 限定責任信託における給付制限違反の場合の金銭のてん補又は支払の

請求権（226条1項）
⑭　限定責任信託における信託財産欠損の場合の金銭のてん補又は支払の請求権（228条1項）
⑮　会計監査人に対する損失のてん補の請求権（254条1項）
⑯　受託者の受益者に対する通知と同様の通知を受領する権利（145条4項1号）
⑰　受託者の受益者に対する報告と同様の報告を受領する権利（145条4項2号）
⑱　受託者変更時又は信託終了時の計算の承認権（145条4項3号・77条1項・184条1項）

〔武智　克典〕

5 いわゆる後継ぎ遺贈型の受益者連続

* 関連条文　91条

> [現行法のポイント]
> ➤ 後継ぎ遺贈型の受益者連続の信託が可能であることを明確に。

1　趣　旨

　民法上、例えば、遺言者が、ある財産については、自分の死亡と同時に第1の受遺者に承継させ、さらに、第1の受遺者が死亡した後には、第2の受遺者に承継させることを内容とする、いわゆる後継ぎ遺贈（典型的には、例えば、遺言者である夫が、住居に使用している土地建物について、まずは、自分の死亡と同時に妻に承継させ、さらに、妻の死亡後に自分の長男に承継させようとするような場合をいう。）については、第1の受遺者の財産権や意思決定に大きな制限を加えるものであるという点で、無効であるという見解が有力であった。また、信託を設定して受益者を指定する場合において、委託者の死亡と同時に受益権を取得する死亡後受益者と死亡後受益者の死亡後に受益権を取得する第2の死亡後受益者を指定した場合（いわゆる後継ぎ遺贈型の受益者連続）には、後継ぎ遺贈と同じ実質を信託により行うことができることとなり、このような受益者の指定の有効性については、学説上議論がされていた。

　そこで、現行法では、このような後継ぎ遺贈を認めることとするとともに、従前から指摘されていた弊害を防止するために期間の制限を加えることとしている。

2 内　　容

　受益者の死亡により、その受益者の有する受益権が消滅し、他の者が新たな受益権を取得する旨の定め（受益者の死亡により、順次他の者が受益権を取得する旨の定めを含む。）のある信託については、その有効期限を限定することにより、民法の定める相続秩序との調和を図ることとしている。

　具体的には、信託の設定から、30年を経過した時点において受益者である者が死亡するまで、または、その者が有する受益権が死亡以外の事由により消滅するまでの間に限り、受益者の指定等に関する定めのある信託は、効力を有するものとしている（91条）。

〔武智　克典〕

6　信託管理人等

＊　関連条文　123条から144条

> 現行法のポイント
>
> ➢　信託管理人に加え、信託監督人及び受益者代理人の制度の利用が可能に。

1　趣　旨

　旧法は、受益者が不特定であったり、又は受益者が現時点において存在せず、受益者による受託者の監督を期待することができない場合に限り、信託管理人を選任して、受託者の監督を行わせることができることとしていた。

　しかし、受益者が多数である場合や、受益者が十分な監督能力を有していない場合などにおいても、受託者の監督を期待することができないと考えられ、信託管理人制度のみでは受益者の監督権限を補完するには不十分であると指摘されていた。また、信託管理人制度も信託行為により信託管理人を選任する場合には、信託管理人があらかじめ指定されていなければならないなどの問題もあった。

　そこで、現行法は、信託管理人のほか、新たに信託監督人又は受益者代理人の制度を設け、受益者による受託者の監督を期待することができない場合について、広く受益者に代わって受託者を監督し、受益者の権利を保全するための代替機関を置くことができるものとしている。

2　内　容

　信託管理人、信託監督人及び受益者代理人の選任手続及び権限等は、次のとおりである。

	信託管理人	信託監督人	受益者代理人
受益者の有無	受益者が存在しない場合にのみ選任可能	受益者が存在する場合に選任可能（ただし、裁判所が選任する場合には受益者が受託者を適切に監督することができない特別の事情があることが必要）	受益者が存在する場合に選任可能
選任方法	①信託行為（信託契約等）の定める手続による方法 ②利害関係人の請求により裁判所が選任する方法	①信託行為（信託契約等）の定める手続による方法 ②利害関係人の請求により裁判所が選任する方法（ただし、裁判所が選任する場合には受益者が受託者を適切に監督することができない特別の事情があることが必要）	信託行為（信託契約等）の定める手続による方法
権限等	①受益者が有する権利を行使可能 ②自己の名をもって裁判上又は裁判外の行為をすることが可能	①すべての受益者のために信託を監視・監督するために受益者に認められた権利を行使可能 ②自己の名をもって裁判上又は裁判外の行為をすることが可能	①受益者が有する権利（受託者等の損失てん補責任等の免除（「9　受託者の損失てん補責任等」参照）に関する権利を除く。）を行使可能 ②受益者を表示すること（顕名）なく裁判上又は裁判外の行為をすることが可能 ＊受益者本人は、信託を監視・監督するために受益者に認められた権利及び信託行為において定めた権利を除き、その権利を行使することができない。

〔武智　克典〕

7 信託行為の定めによる受益者の権利の制限

* 関連条文　92条

> **現行法のポイント**
> ➢ 信託行為によって制限できない権利を明確に。

1　趣　旨

　旧法の下では、受益者の権利について、制限することができるものである（任意法規であるか）か否かについては、解釈にゆだねられているところが多かったため、解釈上、必ずしも明確ではない点が少なくなかった。
　現行法は、受益者の権利のうち、受益者保護の見地から信託行為によって制限できない権利を明確にしている。

2　内　容

　現行法は、以下の各権利を信託行為によっても制限することができないこととしている。なお、信託法92条は、26もの権利を列挙しているが、大別すると以下のとおりとなる。
　①　受託者の信託事務の処理を監督するための権限
　　　信託財産に倒産隔離効が認められるなど特別な法律上の地位が認められることなどから、受託者に対する以下の受益者による監督権限は信託行為（信託契約等）をもってしても制限することができないとされている。
　　・裁判所に対する申立権（1号）
　　・信託事務処理に関する報告を求める権利（7号）

・帳簿等の閲覧謄写請求権（8号）
・損失のてん補等請求権（9号・10号・24号・25号・26号）
② 信託財産を保全するための権限
　受益者は信託財産の管理処分を原則として受託者に委ねることとなるが、受益者はその信託財産について密接な利害関係を有することから、受託者や第三者により不当に信託財産の利益が害されるおそれがある場合には信託財産を保全するための措置を講ずることができ、このような受益者の利益は信託行為（信託契約等）をもってしても制限することはできないとされている。
・信託財産への強制執行等に対する異議を主張する権利（3号）
・受託者の権限違反行為の取消権（5号）
・利益相反取引の取消権（6号）
③ 受益者としての固有の利益を保全するための権限
　受益者としての固有の利益を保全するための権利も信託行為（信託契約等）によって制限できないとされている。
・費用又は報酬の支払請求権（4号・12号・15号）
・違反行為の差止請求権（11号・13号・14号）
・受益権を放棄する権利（17号）
・受益権取得請求権（18号）
・受益権原簿記載事項を記載した書面の交付等請求権（21号）
・受益権原簿の閲覧等請求権（22号）
・受益権原簿記載事項の記載等請求権（23号）
・限定責任信託における金銭の店舗等請求権（24号・25号）
④ その他――受託者等を確定するための催告権
・遺言信託における受託者の信託の引受けの催告権（2号）
・新受託者への就任の承諾の催告権（16号）
・信託管理人への就任の承諾の催告権（19号）
・受益者代理人への就任の承諾の催告権（20号）

〔武智　克典〕

8 受益権取得請求権

* 関連条文　103条・104条

> [現行法のポイント]
> ➤ 重要な信託の変更等がなされた場合には、受益者は受託者に対して、受益権を公正な価格で取得することの請求（受益権買取請求）をすることが可能に。

1 趣　旨

　旧法においては、信託の変更が委託者、受益者及び受託者の合意によってなされることを前提としており、受益者の意思に反してなされることを予定していないため、受益権取得請求権に関する規定は置かれていなかった。
　ところが、現行法においては、信託の変更、併合又は分割の方法について制限を設けていない。
　そこで、信託行為の定めによっては、受益者の意思に反した信託の変更等が行われ得るため、自己の意思に反した信託の変更等が行われる場合に、その受益者の経済的利益の回復の手段を確保しようとしたのが、受益権取得請求権である。

2 内　容

a　受益権取得請求の可否について

　現行法は、受益者が、受託者に対して、自己の有する受益権を公正な価格で取得することを請求できる事由として、以下の①から⑦までを挙げてい

る。受益権買取請求権の要件は、具体的な事由ごとに受益者が損害を受けるおそれを要するか否かを異にするが、これらをまとめると次のとおりとなる（103条1項・2項）。

	事　　由	損害を受けるおそれの有無の要否
①	信託の目的の変更	不要
②	受益権の譲渡の制限	不要
③	受託者の義務の全部又は一部の減免（当該減免について、その範囲及びその意思決定の方法につき信託行為に定めがある場合を除く。）	必要
④	受益権の内容の変更（当該内容の変更について、その範囲及びその意思決定の方法につき信託行為に定めがある場合を除く。）	必要
⑤	信託行為において定めた事項の変更	必要
⑥	信託の併合	必要。ただし、上記①又は②に掲げる事由についての変更を伴う信託の併合がされる場合にあっては、不要。
⑦	信託の分割	必要。ただし、上記①又は②に掲げる事由についての変更を伴う信託の分割がされる場合にあっては、不要。

ただし、上記①から⑤までに掲げる事項に係る信託の変更又は信託の併合若しくは信託の分割（以下「重要な信託の変更等」という。）の意思決定に関与し、その際にその重要な信託の変更等に賛成する意思を表示したときは、その受益者は、受益権買取請求をすることはできない（103条3項）。このような受益者は、信託の変更その他についていったんは賛成している以上受益権買取請求を認める必要性に欠けるからである。

b　受益権買取請求権の行使の手続について

（a）受託者からの通知等

受託者は、受益権買取請求権を行使する機会を受益者に与えるために、重

要な信託の変更等を決定した日から20日以内に、受益者に対して、次の各事項を通知をするか又は官報による公告をしなければならない（103条4項・5項）。

　①　重要な信託の変更等をする旨
　②　重要な信託の変更等がその効力を生ずる日（以下「効力発生日」という。）
　③　重要な信託の変更等の中止に関する条件を定めたときは、その条件

　（b）受益者による買取請求

　受益者は、受託者からの通知を受領した日又は官報による公告の日から20日以内に、受益権の内容を明らかにして受益権の買取請求をしなければならない（103条6項）。

　一度、受益権買取請求をした受益者は、受託者の承諾を得なければ、その受益権買取請求を撤回することはできない（103条7項）。ただし、後記cで述べるとおり、受益権の取得価格の決定について、受益権買取請求の日から30日以内に協議が調わないときであって、受託者又は受益者が受益権買取請求の日から60日以内に裁判所に対して受益権の価格の決定申立てがないときは、受益者は、いつでも、受益権買取請求を撤回することができる（104条7項）。

　また、重要な信託の変更等を中止する条件を定めた場合において、この条件が成就して重要な信託の変更等が中止がされたときは、受益権買取請求は、その効力を失うことになる（103条8項）。

　c　価格の決定について

　現行法は、受益権買取請求がなされた場合の価格の決定方法について定めている。

　まず、受益権の価格の決定について、受託者と受益者との間に協議が調ったときは、その協議の結果によることになる。受託者は、受益権買取請求の日から60日を経過する日（ただし、その日までに効力発生日が到来しない場合にあっては、効力発生日）までにその価格支払をしなければならない（104条1項）。

　これに対して、受託者と受益者との間の協議が調わない場合に備えて、前記のとおり現行法は、受益権買取請求の日から30日以内に協議が調わない

ときは、受託者又は受益者は、その期間の満了日から30日以内に、裁判所に対して、価格の決定の申立てをすることができることとしている（104条2項）。

d　受益権買取請求における受益権取得の手続等について

受益権買取請求における受託者による受益権の取得は、当該受益権の価格に相当する金銭の支払がなされた時に、その効力を生じるものとされ（104条9項）、受益証券（185条1項）が発行されている場合には、この支払は、その受益証券と引換えにされることとされている（104条10項）。

受託者は、受益権買取請求の行使を受けた場合、原則として、信託財産に属する財産のみをもって履行する責任を負うことになる（104条11項）。また、受託者が信託財産に属する財産をもって取得した受益権は、原則として、消滅することになる（104条12項）。

もっとも、信託行為又は重要な信託の変更等の意思決定において別段の定めがなされたときは、受託者が固有財産をもって受益権を取得することや、受託者が信託財産に属する財産をもって取得した受益権を消滅させないとすることなどもできるとされている（104条11項ただし書）。

なお、上記のとおり、受益権取得請求が行使された際の受益権を取得するための原資は、原則として、信託財産に属する財産であることから、予想以上に多額の価格となる受益権買取請求がなされた場合には、信託財産が大幅に減少し、信託事務の遂行において不都合が生じるおそれがあると考えられる。信託行為又は重要な信託の変更等の意思決定において、受託者が固有財産をもって当該受益権を取得することを定めることは可能ではあるものの、受託者がこのような対応をすることは難しいことも少なくないと考えられることから、実務上は、信託財産において買取原資を確保するために、必要な金銭の追加信託がなされることを重要な信託の変更等の条件とするなどの対応が必要になると思われる。

〔武智　克典〕

9 受益者が複数の場合の意思決定方法

＊ 関連条文　105条から122条

> **現行法のポイント**
>
> ➤ 複数の受益者による意思決定は原則として全員一致であるが、別段の定めも可能であることが明確に。

1 趣　　旨

　旧法においては、受益者が一人の信託が想定されていたため、受益者が複数の信託に関する受益者の意思決定等の規定が置かれていなかった。
　ところが、現在の実務では1つの信託において多数の受益者が存在する場合も少なくないことから、現行法は、複数の受益者が存在する場合の意思決定等に関する規定を設けている。

2 内　　容

a 複数の受益者による意思決定の方法

　現行法は、受益者が複数である信託における受益者の意思決定は、すべての受益者の一致によると規定しつつ（105条1項本文）、信託行為により別段の定めを設けることができるとしている（同条項ただし書）。
　したがって、信託行為により、受益者が複数である場合の受益者の意思決定の手続を従来の実務において行われてきたとおり自由に設けることが可能である。

b 受益者集会

(a) 概　要

信託行為により、信託法に定める受益者集会の制度を利用できる（105条2項本文）。この場合、信託行為に定めることにより受益者集会の手続等について柔軟に定めることが可能であり、実務上は、個別に受益者集会を利用するとしても、信託契約に別段の定めをすることが少なくないと思われる。そのため、受益者が複数である信託を設定する場合には、あらかじめ、信託契約等において、意思決定の方法、受益者集会を開催する場合の手続等について、具体的に規定を設けることが望ましい。

もっとも、以下に定める事項については、受益者に与える影響の重大性等にかんがみ、受益者の全員一致によってのみ責任を免除することができ（105条3項）、多数決等によることができない。

① 40条又は41条の規定による受託者又は受託法人の理事等の責任の全部の免除（105条3項1号）

② 40条の規定による受託者の責任の一部の免除であって、受託者がその任務を行うにつき悪意又は重過失があった場合（同2号）

③ 41条の規定に基づく受託法人の理事等の責任の一部の免除（同3号）

(b) 受益者集会の手続

受益者集会の手続は、以下のとおりである。ただし、信託行為に定めることにより受益者集会の手続について特別な定めを設けることも可能である。

① 招集事由

必要がある場合は、いつでも招集することができる（106条1項）。

② 招集権者

受託者（信託監督人が現に存在する場合には信託監督人又は受託者）（106条2項）。受益者は、招集請求権を有する（107条）。

③ 招集手続

2週間前に招集通知（無記名式の受益証券が発行されている場合には3週間前までに官報に公告）を発送しなければならない。書面又は電磁的方法による必要がある（109条）。

なお、招集通知には、受益者集会の開催される日時及び場所、集会の目的及び電磁的方法による議決権行使が可能であること等を記載する必要がある（109条3項）。
　また、招集通知の発送と合わせて、参考書類及び議決権行使書面を交付することも必要である（110条）。
④　議決権の個数
　受益権の内容が同じである場合には受益権の個数。受益権の内容が異なる場合には、受益者集会招集決定時における受益権の価格により議決権の個数が決定される（112条）。
⑤　決議方法
　議決権を行使することができる受益者の議決権の過半数を有する受益者が出席し、出席した当該受益者の議決権の過半数をもって、決議を行うのが原則である（113条1項）。ただし、一定の重要事項については要件が加重される（例えば、損失てん補責任等（42条）の免除については、議決権を行使することができる受益者の議決権の過半数を有する受益者が出席し、出席した当該受益者の議決権の3分の2以上に当たる多数をもって、決議を行う。）。
⑥　受託者の出席
　受託者は、受益者集会に出席し、又は書面により意見を述べることができる（118条）。
⑦　議事録
　招集者は、議事録を作成しなければならない（120条）。

〔武智　克典〕

10 受益権の譲渡

＊ 関連条文　93条から98条

> **現行法のポイント**
>
> ➢ 受益者は原則として受益権を自由に譲渡することが可能であることが明確に。
> ➢ 確定日付ある通知又は承諾が受益権譲渡の対抗要件であることが明確に。

1 趣　　旨

　旧法下では、受益権の譲渡に関する規定がなかった。しかし、学説及び実務上、受益権を指名債権であるとし、又はこれに準じるものとした上で、その譲渡性を認める見解が有力であった。
　そこで、現行法は、受益権の譲渡について、その譲渡が可能であることを定めるとともに、その対抗要件を明らかにしている。

2 内　　容

　受益者は、原則として自由に受益権を譲渡することができることとしながら、受益権の譲渡がその性質に反するときは、受益権の譲渡をすることができないとしている（93条）。
　受益権の譲渡を受託者に対して対抗するためには、受託者に対して通知をするか、又は、受託者から承諾を得る必要があり、受益権について利害関係を有する第三者に対して受益権の譲渡を対抗するためには、確定日付のある証書により受託者に対して通知をするか、又は受託者から承諾を得る必要が

ある（94条）。

　以上は、指名債権譲渡のそれと同様であるが、受益権の譲渡が単純な指名債権としての受益債権のみを譲渡するものではなく、受益者の有する各種の権利（受託者の信託違反の処分行為の取消権等）をも含む包括的な地位を移転するものであることから、異議をとどめない承諾に抗弁を切断する効力を付与していない。すなわち、受託者は、受託者に対する対抗要件である通知又は承諾があるまでに譲渡人である受益者に生じた事由について、異議をとどめない承諾をした場合であっても、当然に譲受人に対抗することができる（95条）。

〔武智　克典〕

11　受益債権についての物的有限責任

＊　関連条文　100条

現行法のポイント
➤　受益債権に係る債務については、信託財産のみを責任財産に。

1　趣　　旨

　現行法は、受益者の有する給付請求権の対象を限定し、信託財産のみが責任財産となることを明確にしている。

2　内　　容

　信託財産の限度において固有財産に対しても執行できるとも解釈することができた旧法19条の「信託財産ノ限度ニ於テノミ」との文言を変更し、現行法は、受益債権に係る債務については、受託者は、信託財産に属する財産のみをもってこれを履行する責任（いわゆる物的有限責任）を負うこととした（100条）。

〔武智　克典〕

12　受益債権と信託債権との優先劣後関係

* 関連条文　101条

> 現行法のポイント
> ➤　受益債権は、信託債権に劣後することを明確に。

1　趣　　旨

　旧法は、受益債権と信託債権との間の優先劣後関係に関する規定を設けていなかった。しかし、学説上は、一般に受益権はエクィティとしての性質を有する権利であり、信託債権に劣後するものであると解されており、現行法はこのような解釈をとることを明確にしている。

2　内　　容

　現行法では、受益債権は信託債権に劣後することを明らかにしている (101条)。
　もっとも、101条は、信託行為（信託契約等）により、受益債権と信託債権の優先順位について、債権者との間で合意をし、受益債権と信託債権を同順位とすることも可能であり、実務上、信託債権の全部又は一部を受益債権と同順位として組成するスキームも少なくないといわれている。

〔武智　克典〕

13　受益債権等の消滅時効等

＊　関連条文　102条

> **現行法のポイント**
> ➤　受益債権の消滅時効は債権の消滅時効と同一であることを明確に。

1　趣　　旨

　旧法においては、受益者等の権利の消滅時効について規定が設けられていなかったこともあり、学説上、民法167条1項が適用又は類推適用されて10年間で消滅時効が成立するとする見解や、同条2項が適用されて20年間で消滅時効が成立するとの見解等が主張されていた。
　そこで、現行法は受益者等の権利の消滅時効についての規定を設け、債権の消滅時効の一般的な原則によることを明らかにした。

2　内　　容

　受益債権の消滅時効は、原則として債権の消滅時効の例による（102条1項）。
　そして、消滅時効は、受益者が受益者として指定を受けたことを知るまでは進行しないとされている（102条2項）。
　受益債権の消滅時効の援用は、受託者が受益者に対して負う忠実義務と矛盾するようでもあるが、受益者が受益債権の行使を怠っている場合や、受益者の所在不明の場合等一定の場合には消滅時効の援用を認めても差し支えない場面が存する。
　そこで、受益債権の消滅時効は、①受託者が、消滅時効の期間の経過後、

遅滞なく、受益者に対し受益債権の存在及びその内容を相当の期間を定めて通知し、かつ、受益者からその期間内に履行の請求を受けなかったとき、又は、②消滅時効期間の経過時において受益者の所在が不明であるとき、その他信託行為の定め、受益者の状況、関係資料の滅失その他の事情に照らして、受益者に対し①の通知をしないことについて正当な理由があるときに限り、時効を援用することができることとした（102条3項）。

　なお、現行法は、受益債権の消滅時効の進行を受益者がそのことを知っているか否かにかからしめることとした場合に、あまりに長期にわたって消滅時効が進行せず、受託者を信託に基づく債務に拘束することにもなることを考慮し、別途20年の除斥期間を設けている（102条4項）。

〔武智　克典〕

第5章　委　託　者

1　委託者の権利
2　委託者の地位の移転・委託者の相続人の権利義務

1 委託者の権利

＊ 関連条文　145条・148条

> 現行法のポイント
>
> ➢ 委託者が有する権利の内容について、信託行為により柔軟に定めることが可能に。

1 趣　旨

　旧法では、委託者が信託行為（信託契約等）の当事者としての地位を有することにかんがみて、信託行為（信託契約等）に別段の定めをしなくとも、委託者は、各種の権利義務を有するものとされていた。
　しかしながら、現行法においては、信託が成立した後は、信託に関する権利義務関係は、原則として受託者と受益者との間で形成されることにかんがみ、信託法上認められる委託者の権利を旧法に比べて限定的なものとした上で、信託行為に定めることにより、委託者に追加的に権利義務を認めたり、信託法上認められる権利の一部又は全部をさらに制限することができることとし、柔軟な制度設計を可能とした。

2 内　容

a　信託法上委託者に認められる権利

　信託法上、委託者に対して与えられている権利には、①委託者としての地位に基づき認められるものと、②利害関係人としての地位に基づき認められるものとがある。

190　第5章　委託者

　これらの権利は、信託法により、認められるものであり、信託行為（信託契約等）においてこれらの権利行使を制限されていない限り（後記b参照）、委託者は、当然にそれらの権利を行使することができる。

　それぞれの地位において認められる権利は、主に以下のものである。

委託者としての地位に基づき認められる主な権利

種別	権利の内容	根拠規定	旧信託法上の根拠規定
信託の監視・監督的機能	信託事務の処理の状況についての報告請求権	36条	40条2項
	受託者の辞任に対する同意権	57条1項	43条
	受託者の解任についての受益者との合意権	58条1項	なし
	裁判所に対する受託者の解任申立権	58条4項	47条
	新受託者の選任についての受益者との合意権	62条1項	なし
	裁判所に対する信託財産管理者の解任申立権	70条（58条4項の準用）	なし
	裁判所に対する信託財産法人管理人の解任申立権	74条6項（70条の準用）	なし
	遺言代用信託における受益者変更権	90条1項	なし
	信託管理人の辞任に対する同意権	128条2項（57条1項の準用）	なし
	信託管理人の解任についての受益者との合意権	128条2項（58条1項の準用）	なし
	裁判所に対する信託管理人の解任申立権	128条2項（58条4項の準用）	なし
	新信託管理人の選任についての受益者との合意権	129条1項（62条1項の準用）	なし
	信託管理人に対する事務処理終了の意思表示	130条1項2号	なし
	信託監督人の辞任に対する同意権	134条2項（57条1項の準用）	なし

	信託監督人の解任についての受益者との合意権	134条2項（58条1項の準用）	なし
	裁判所に対する信託監督人の解任申立権	134条2項（58条4項の準用）	なし
	新信託監督人の選任についての受益者との合意権	135条1項（62条1項の準用）	なし
	信託監督人による事務の処理の終了についての受益者との合意権	136条1項1号	なし
	受益者代理人の辞任に対する同意権	141条2項（57条1項の準用）	なし
	受益者代理人の解任についての受益者との合意権	141条2項（58条1項の準用）	なし
	裁判所に対する受益者代理人の解任申立権	141条2項（58条4項の準用）	なし
	新受益者代理人の選任についての受益者との合意権	142条1項（62条1項の準用）	なし
	新受益者代理人に対する就任の有無の催告権	142条1項（62条2項の準用）	なし
	裁判所に対する新受益者代理人の選任申立権	142条1項（62条4項の準用）	なし
	受益者代理人による事務の処理の終了についての受益者との合意権	143条1項1号	なし
	受益証券発行信託における受益権原簿の閲覧請求権	190条2項	なし
	会計監査人設置信託における新会計監査人の選任についての受益者との合意権	250条1項	なし
信託の基礎的な変更に関する権利	信託の変更についての受託者及び受益者との合意権	149条1項	なし
	信託の変更についての受益者との合意権（受託者の利益を害しないことが明らかであるとき）	149条3項	なし
	裁判所に対する信託の変更申立権	150条1項	23条

	信託の併合についての受託者及び受益者との合意権	151条1項	なし
	吸収信託分割について受託者及び受益者の合意権	155条1項	なし
	新規信託分割について受託者及び受益者の合意権	159条1項	なし
	信託の終了についての受益者との合意権	164条	57条
	裁判所に対する信託の終了申立権	165条1項・166条1項	58条
	裁判所命令による信託終了時の清算受託者選任申立権	173条	なし
	新法信託選択についての受益者及び受託者との合意権	信託法の施行に伴う関係法律の整備等に関する法律3条	なし
財産出捐者としての地位に基づく権利	信託終了時に指定帰属権利者が存しない場合における法定帰属権利者	182条2項	62条

利害関係人としての地位に基づき認められる主な権利

権利の内容	根拠規定
遺言信託における信託の引受けの有無の催告権	5条1項
遺言信託における裁判所に対する新受託者の選任申立権	6条1項
貸借対照表等の閲覧請求権	38条6項
新受託者に対する就任の承諾の有無の催告権	62条2項
裁判所に対する受託者の選任申立権	62条4項
裁判所に対する信託財産管理命令の申立権	63条1項
裁判所に対する信託財産法人管理命令の申立権	74条2項
信託管理人に対する就任の承諾の有無の催告権	123条2項
裁判所に対する信託管理人の選任申立権	123条4項
新信託管理人に対する就任の承諾の有無の催告権	129条1項(62条2項の準用)

裁判所に対する新信託管理人の選任申立権	129条1項（62条4項の準用）
信託監督人に対する就任の承諾の有無の催告権	131条2項
裁判所に対する信託監督人の選任申立権	131条4項
新信託監督人に対する就任の承諾の有無の催告権	135条1項（62条2項の準用）
裁判所に対する新信託監督人の選任申立権	135条1項（62条4項の準用）
受益者代理人に対する就任の承諾の有無の催告権	138条2項
保全処分に関する資料の閲覧・謄写請求権	172条
遺言の方法で受益者の定めのない信託における裁判所に対する信託管理人の選任申立権	258条6項

b　信託行為による委託者の権利内容の変更

　現行法においては、信託行為に定めることにより、柔軟に個々のケースに応じて委託者の権利内容について変更を加えることが認められている。

　(a) 信託法上認められる委託者の権利の全部又は一部について、信託契約において、これらの権利を有しないとすることにより、委託者の権利を制限することができる（145条1項）。

　(b) 以下に掲げる受託者に対する監督権限について、信託契約において、委託者がこれらの権利を有するとすることにより、委託者の権利を拡大させることができる（145条2項・145条4項）。

　① 信託財産に属する財産に対する強制執行等に対する異議を主張する権利（23条5項・6項）
　② 受託者の権限違反行為の取消権・旧受託者の権限違反行為の取消権（27条1項・2項、75条4項）
　③ 利益相反取引の取消権（31条6項・7項）
　④ 受託者の権限外行為を信託財産のための行為とみなす権利（介入権）（32条4項）
　⑤ 帳簿等の閲覧又は謄写の請求権（38条1項）
　⑥ 受益者の氏名等の開示の請求権（39条1項）
　⑦ 受託者に対する損失のてん補又は原状の回復の請求権（40条1項）

⑧　法人である受託者の役員に対する損失のてん補又は原状の回復の請求権（41条）
⑨　受託者に対する違反行為の差止めの請求権（44条）
⑩　裁判所に対する検査役の選任の申立権（46条1項）
⑪　前受託者に対する信託財産に属する財産の処分の差止めの請求権（59条5項）
⑫　前受託者の相続人等・破産管財人に対する信託財産の処分の差止めの請求権（60条3項・5項）
⑬　限定責任信託における給付制限違反の場合の金銭のてん補又は支払の請求権（226条1項）
⑭　限定責任信託における信託財産欠損の場合の金銭のてん補又は支払の請求権（228条1項）
⑮　会計監査人に対する損失のてん補の請求権（254条1項）
⑯　受託者の受益者に対する通知と同様の通知を受領する権利（145条4項1号）
⑰　受託者の受益者に対する報告と同様の報告を受領する権利（145条4項2号）
⑱　受託者変更時又は信託終了時の計算の承認権（145条4項3号・77条1項・184条1項）

(c)　受益者の定めのない信託における例外

　信託契約を締結する方法によってなされた受益者の定めのない信託においては、委託者は(b)の権利（⑥を除く。）を有するものとされる。

　これは、受益者がいない信託においては、受益者に代わり、委託者が受託者に対する監督を行うことによって信託事務の処理の適正さを確保することとしたものである。

　なお、受益者の定めのない信託における委託者の権利については、信託行為（信託契約等）によってもこれを制限することはできない（260条）。

〔小室　太一〕

2 委託者の地位の移転・委託者の相続人の権利義務

* 関連条文　146条・147条・182条2項

> 現行法のポイント
>
> ➤ 委託者の地位の移転が原則として可能に。

1　委託者の地位の移転

a　趣　旨

　旧法においては、委託者の地位の移転に関する規定が設けられていなかったことから学説上、委託者の地位の移転が可能かについて、争いがあった。

　しかしながら、実務上、委託者の地位の移転に関する取決めが行われることが少なくなく、また、貸付信託法、特定信託及び投資法人に関する法律等では、受益証券を取得する者は信託契約の委託者の権利義務も承継するとされ、委託者の地位移転が可能であることが当然の前提となっていた。

　そこで、現行法においては、委託者の地位を移転し得ることを明確にしたうえで、その要件について定めている。

b　内　容

　委託者の地位は、受託者及び受益者の同意を得て、又は信託行為において定めた方法に従い、第三者に移転することができる（146条1項）。

　なお、委託者が複数いる場合であって、信託行為（信託契約等）に定めがない場合には、受託者及び受益者の同意に加え、他の委託者の同意を得ることも要する（146条2項）。

2　委託者の相続人の権利義務

a　趣　旨

　委託者の地位の相続性については、旧法では必ずしも明確ではなかったが、現行法においては、委託者の地位は一身専属的な権利義務とはいいがたいこと等を理由として、委託者の相続人は、原則として、委託者の地位を相続により承継することができることが明らかにされた。
　しかしながら、遺言信託においては、委託者は、その他の相続人を排して受益者に受益権を与えるのであり、委託者の地位と相続人の地位は基本的に利害が対立すると考えられるため、信託行為に別段の定めがある場合を除き、委託者の地位は相続人に承継されないこととされた。

b　内　容

　信託における委託者の地位は委託者の相続人に相続されることになるが、遺言信託に限り、委託者の地位は、信託行為（遺言）に別段の定めがある場合を除き、相続人に承継されない（147条）。
　しかしながら、遺言信託における委託者の相続人であっても、残余財産の法定帰属権利者としての地位が認められることに注意が必要である（182条2項）。

〔小室　太一〕

第6章　信託の変更

1　信託の変更
2　信託の併合
3　信託の分割

1 信託の変更

* 関連条文　149条・150条

> **現行法のポイント**
>
> ➢ 委託者、受託者及び受益者の合意による信託の変更が可能であることを明確に。
>
> ➢ 一定の場合に委託者及び受益者若しくは受託者及び受益者、又は受益者又は受託者の意思によって信託の変更が可能に。

1 趣　旨

　旧法においては、信託の変更一般についての規定はなく、信託財産の管理方法の変更について、信託行為の時点において予見不可能な特別な事情の発生に基づき信託財産の管理方法が受益者の利益に適合しなくなったときに裁判所に変更を求めることができることのみが規定されていた。

　現行法においては、旧法の裁判所の命令による信託の変更の制度を維持しつつ、信託設定後の柔軟かつ迅速な信託の変更を可能にするため、原則として、委託者、受託者及び受益者の合意によって信託の変更が可能であるとしながらも一定の場合には例外的にそのうちの二者（委託者及び受益者、受託者及び受益者）又は一者（受益者又は受託者）の意思によって信託の変更が可能であることが定められている。

　なお、裁判所の関与のない信託の変更方法についての規定は任意規定であり、信託行為により現行法が定める信託の変更方法を制限すること及び現行法に規定されていない信託の変更方法を定めることができる。

2 内　容

a　合意等による信託変更（149条）

　現行法では、以下の場合に信託の変更が可能であると定められている。なお、以下の方法のうち委託者の関与する合意又は意思表示による信託の変更については、委託者が現存しない場合には、委託者の関与する合意又は意思表示は不要である。

① 原則（149条1項）
　　委託者、受託者及び受益者の合意
② 信託の目的に反しないことが明らかであるとき（149条2項1号）
　　受託者及び受益者の合意
③ 信託の目的に反しないこと及び受益者の利益に適合することが明らかであるとき（149条2項2号）
　　受託者の書面又は電磁的記録による意思表示
④ 受託者の利益を害しないことが明らかであるとき（149条3項1号）
　　委託者及び受益者による受託者に対する意思表示
⑤ 信託の目的に反しないこと及び受託者の利益を害しないことが明らかであるとき（149条3項2号）
　　受益者による受託者に対する意思表示
⑥ 信託行為に特別の定めがあるとき（149条4項）
　　信託行為において定められる方法

　②、③及び⑤の方法による信託の変更がなされた場合、受託者は、遅滞なく委託者及び受益者のうち、信託の変更に関与していない者に対し、変更後の信託の内容を、通知しなければならないこととされている（149条2項2文・149条3項2文）。

　なお、①から⑤の方法による信託の変更についての規定は任意規定であり、信託行為に定めることにより、①から⑤の方法による信託の変更を禁じることも、②、③及び⑤の受託者の通知義務を免除することも可能である

(149条4項)。

　さらに、信託会社については、信託の重要な変更（信託の目的の変更、受益権の譲渡の制限、受託者の義務の全部又は一部の減免（範囲・意思決定方法について信託行為に定めがあるものを除く。）、受益債権の内容の変更（範囲・意思決定の方法について信託行為に定めがあるものを除く。）、信託行為において定めた事項）を行う場合には、c記載のとおり受益者が受益権取得請求権を取得する可能性があることから、一定の事項を公告するか、受益者に各別に催告しなければならない（信託業法29条の2、信託業法施行規則41条の5。詳細については4の記載参照）。

　そして、公告又は催告がされ、そこに示された一定の期間内に異議を述べた受益者の受益権の個数が信託の受益権の総個数の2分の1を超えるとき（各受益権の内容が均等でない場合にあっては、当該信託の受益権の価格の額が同項の規定による公告又は催告の時におけるその信託の受益権の価格の総額の2分の1を超えるとき、又は信託の受益権の信託財産に対する持分が公告又は催告の時におけるその信託の受益権の元本持分の合計の2分の1を超えるとき）は、信託の重要な変更をすることはできない。

b　裁判所による信託の変更（150条）

①　要件（150条1項）

　裁判所は、信託行為の当時予見することのできなかった特別の事情によって、信託事務の処理の方法に係る信託行為の定めについて、信託の目的及び信託財産の状況その他の事情に照らして受益者の利益に適合しなくなったときは、信託の変更をすることができる。

　現行法においても、旧法と同様、裁判所により信託を変更することができる範囲を限定しているが、現行法では、その範囲を「信託事務の処理の方法に係る信託行為の定め」とし、旧法23条における「信託財産ノ管理方法」より広い範囲について裁判所による変更を認めている。

②　手続

　信託の変更を裁判所に申し立てることができるのは、委託者、受託者又は受益者であり（150条1項）、信託の変更を裁判所に申し立てるときは、変更後の信託行為の定めを明らかにしなければならない。

申立てを受けた裁判所は、受託者の陳述を聴取した上で（同条3項）、理由の要旨を付して裁判をすることとなる（同条4項）。

委託者、受託者又は受益者は、信託の変更の申立てに対する裁判所の裁判に対して異議があるときは、即時抗告をすることができ（同条5項）、即時抗告には執行停止の効力が認められ、信託の変更の効力は生じない（同条6項）。

c 受益権取得請求権（103条）

信託の重要な変更を行う場合、その意思決定において賛成の意思を表示しておらず、かつ損害を受けるおそれのある受益者は、受託者に対し、自己の有する受益権の取得を請求することができる（「第4章 受益者・受益権 8 受益権取得請求権」参照）。

〔正田 真仁〕

2　信託の併合

＊　関連条文　151条から154条

> **現行法のポイント**
> ➤ 受託者を同一とする2以上の信託の信託財産の全てを一つの新たな信託の信託財産とすること（信託の併合）が可能に。

1　趣　旨

　会社の合併があった場合に、別々に運用していた信託の信託財産を同一の信託の信託財産として運用するなど、複数の信託の信託財産を一つの新たな信託の信託財産とすることが有用である場合も考えられるが、旧法においてはそのような信託の併合についての規定が存在しなかった。

　現行法においては、受託者を同一とする2以上の信託の信託財産の全てを一つの新たな信託の信託財産とすることを信託の併合と定義し（2条10項）、その手続を新設した。

2　内　容

a　概　念

　信託の併合は、受託者が同一である複数の信託を一つの信託とする制度であり、信託の併合によって成立する信託は、従来の信託の一つが吸収されるのではなく、新たに成立した信託となる[1]。

---

[1] 会社の合併における新設合併に相当する制度であり、吸収合併に相当する信託の併合の制度は設けられていない。

信託の併合がされた場合、従前の信託財産は新たに成立した信託の信託財産となり、従前の信託の信託財産責任負担債務であった債務は、新たに成立した信託の信託財産責任負担債務となる（153条）。

また、信託財産責任負担債務のうち、信託財産に属する財産のみをもって受託者が履行する責任を負う信託財産限定責任負担債務は、新たな信託の信託財産限定責任負担債務となる（154条）。

b 手　続

信託の併合を行う方法は、以下のとおりである。なお、委託者の関与する合意による信託の併合については、委託者が現存しない場合には、委託者の合意は不要である。なお、次の①から③の方法による信託の併合に係る規定は任意規定であり、④のとおり信託行為に定めることにより、①から③の方法による信託の併合を禁じることも、②及び③の受託者の通知義務を免除することも可能である（151条3項）。

① 原則（151条1項）
　委託者、受託者及び受益者の合意
② 信託の目的に反しないことが明らかであるとき（151条2項1号）
　受託者及び受益者の合意
③ 信託の目的に反しないこと及び受益者の利益に適合することが明らかであるとき（151条2項2号）
　受託者の書面又は電磁的記録による意思表示
④ 信託行為に特別の定めがあるとき（151条3項）
　信託行為において定められる方法

ただし、信託の併合においては、以下の事項を定めなければならず（151条1項各号、信託法施行規則12条各号）、②及び③の方法による信託の併合がなされた場合、受託者は、遅滞なくそれらの事項を、委託者及び受益者のうち、信託の併合に関与していない者に通知しなければならないこととされている（151条2項2文）。

（a）信託の併合後の信託行為の内容
（b）受益権の内容に変更があるときは、その内容及び変更の理由

（c）信託の併合に際して受益者に対し金銭その他の財産を交付するときは、当該財産の内容及びその価額
（d）信託の併合が効力を生じる日
（e）信託の併合をする他の信託についての次に掲げる事項その他の当該他の信託を特定するために必要な事項
　　イ　委託者及び受託者の氏名又は名称及び住所
　　ロ　信託の年月日
　　ハ　限定責任信託であるときは、その名称及び主たる信託事務の処理を行うべき場所
（f）信託の併合をする他の信託の信託行為の内容
（g）信託の併合に際して受益者に対し金銭その他の財産を交付するときは、当該財産の内容及びその価額の定めの相当性に関する事項
（h）信託の併合に際して受益者に対し金銭その他の財産を交付するときは、受益者に対して交付する金銭その他の財産の割当てに関する事項及び当該事項の定めの相当性に関する事項
（i）信託の併合をする各信託において直前に作成された財産状況開示資料等の内容。ただし、財産状況開示資料等を作成すべき時期が到来していないときは、次のイ又はロに掲げる書類又は電磁的記録の区分に応じ、当該イ又はロに定める事項。
　　イ　限定責任信託以外の信託においては37条2項に掲げる書類又は電磁的記録
　　　　当該書類又は電磁的記録を作成すべき時期が到来していない旨
　　ロ　限定責任信託においては222条4項の書類または電磁的記録（会計監査設置信託においては会計監査報告を含む。）
　　　　法222条3項の規定により作成された貸借対照表の内容
（j）信託の併合をする各信託について、財産状況開示資料等を作成した後（財産状況開示資料等を作成すべき時期が到来していない場合にあっては、信託がされた後）に、重要な信託財産に属する財産の処分、重大な信託財産責任負担債務の負担その他の信託財産の状況に重要な影響を与える事象が生じたときは、その内容

(k) 信託の併合をする理由

さらに、信託会社については、信託の併合を行う場合には、d記載のとおり受益者が受益権取得請求権を取得する可能性があることから、一定の事項を公告するか、受益者に各別に催告しなければならない（信託業法29条の2、信託業法施行規則41条の5。詳細については4の記載参照）。

この公告又は催告がなされる場合、そこに示された一定の期間内に異議を述べた受益者の有する受益権の個数が当該信託の受益権の総個数の2分の1を超えるとき（各受益権の内容が均等でない場合にあっては、当該信託の受益権の価格の額が同項の規定による公告又は催告の時における当該信託の受益権の価格の総額の2分の1を超えるとき、又は信託の受益権の信託財産に対する持分が公告又は催告の時における当該信託の受益権の元本持分の合計の2分の1を超えるとき）は、信託の併合をすることができない。

c　債権者保護手続（152条）

信託の併合によって従前の信託財産責任負担債務が新たな信託の信託財産責任負担債務となるため、併合された他の信託の運用状況が悪化している場合には、信託の併合により従前の信託財産責任負担債務の債権者の利益が害されるおそれがある。

そこで、信託の併合がなされる場合、従前の信託の信託財産責任負担債務に係る債権者[2]は、受託者に対して、信託の併合について異議を述べることができることとされ（152条1項本文）、このような異議を述べる機会を債権者に付与するために、受託者は、信託の併合に際し、一定の事項を官報において公告しなければならず、かつ知れたる債権者に各別に催告するか、催告に代えて時事に関する事項を掲載する日刊新聞紙又は電子公告によって公告をしなければならないこととされる（152条2項本文・3項）。

なお、債権者が、上記公告及び催告に定める期間内に異議を述べなかった場合には信託の併合を承認したものとみなされ、信託の併合に異議を述べた

---

[2] 受益者は、信託の併合の意思決定に関与でき、また後述のとおり受益権取得請求権が認められることから、このような異議を述べることができる債権者には含まれないとされている（寺本昌広『逐条解説　新しい信託法〔補訂版〕』349頁注1（商事法務・2007年））。

場合には、受託者は、以下のいずれかの対応をとることが必要となる（152条5項）。

(a) 当該債権者に対する弁済
(b) 当該債権者に対する相当の担保の提供
(c) 当該債権者に弁済を受けさせることを目的として信託会社（兼営法の認可を受けた金融機関を含む。）に対する相当の財産の信託

　もっとも、信託財産責任負担債務に係る債権者を害するおそれがないことが明らかであるとき[3]は、受託者は上記公告及び催告をする義務を負わず、債権者は信託の併合に異議を述べることはできず、異議を述べても受託者は上記対応をとる必要がないこととなる（152条1項ただし書・152条2項本文・152条5項ただし書）。

　信託の併合において債権者が異議を述べることができる場合に、公告し、催告しなければならない事項は以下の事項である。

(a) 信託の併合をすること
(b) 信託財産責任負担債務の債権者が一定の期間内（1か月以上の期間であることを要する。）に異議を述べることができる旨
(c) 信託の併合をする各信託についての次に掲げる事項その他の当該信託の併合をする各信託を特定するために必要な事項
　イ　委託者及び受託者の氏名又は名称及び住所
　ロ　信託の年月日
　ハ　限定責任信託であるときは、その名称及び事務処理地
(d) 信託の併合をする各信託において直前に作成された財産状況開示資料等の内容。財産状況開示資料等を作成すべき時期が到来していないときは、次のイ又はロに掲げる書類又は電磁的記録の区分に応じ、当該イ又はロに定める事項（債権者がかかる事項を知ることができるようにするための適切な措置を受託者が講ずる場合には、当該措置に基づいて当該債権者が当該事項を知るための方法）。

---

[3] 典型例として、信託財産責任負担債務に係る債権者が小口のものしかいないような場合が考えられる。

イ　限定責任信託以外の信託においては 37 条 2 項に掲げる書類又は電磁的記録
　　当該書類又は電磁的記録を作成すべき時期が到来していない旨
ロ　限定責任信託においては 222 条 4 項の書類又は電磁的記録（会計監査設置信託においては会計監査報告を含む。）
　　法 222 条 3 項の規定により作成された貸借対照表の内容
（e）信託の併合をする各信託について、財産状況開示資料等を作成した後（財産状況開示資料等を作成すべき時期が到来していない場合にあっては、信託がされた後）に、重要な信託財産に属する財産の処分、重大な信託財産責任負担債務の負担その他の信託財産の状況に重要な影響を与える事象が生じたときは、その内容（債権者がかかる事項を知ることができるようにするための適切な措置を受託者が講ずる場合にあっては、当該措置に基づいて当該債権者が当該事項を知るための方法）
（f）信託の併合が効力を生ずる日以後における信託の併合後の信託の信託財産責任負担債務（信託の併合をする他の信託の信託財産責任負担債務であったものを除く。）の履行の見込みに関する事項（債権者がかかる事項を知ることができるようにするための適切な措置を受託者が講ずる場合にあっては、当該措置に基づいて当該債権者が当該事項を知るための方法）

d　受益権取得請求権（103 条）

　信託の併合を行う場合、その意思決定において賛成の意思を表示しておらず、かつ損害を受けるおそれのある受益者は、受託者に対し、自己の有する受益権の取得を請求することができる（「第 4 章受益者・受益権　8　受益権取得請求権」参照）。

〔正田　真仁〕

3 信託の分割

* 関連条文　155条から162条

> **現行法のポイント**
> ➤ 1の信託の信託財産の一部を受託者を同一とする他の信託の信託財産として移転すること（吸収信託分割）が可能に。
> ➤ 1の信託の信託財産の一部を受託者を同一とする新たな信託の信託財産として移転すること（新規信託分割）が可能に。

1　趣　旨

　会社分割や事業譲渡における組織の移転に伴い、一つの信託の信託財産を複数の信託として受益権を移転させる場合など、一つの信託の信託財産を複数の信託の信託財産とすることが有用である場合があると考えられるが、旧法においてはこのような手続についての規定が存在しなかった。

　現行法においては、ある信託の信託財産の一部を受託者を同一とする他の信託の信託財産として移転する制度である「吸収信託分割」と、ある信託の信託財産の一部を受託者を同一とする新たな信託の信託財産として移転する制度である「新規信託分割」という2つの方法による信託の分割の制度を新設した（2条11項）。

2 内　　容

a　概　　念

(a) 吸収信託分割

　吸収信託分割は、一つの信託の信託財産の一部を受託者が同一である他の信託の信託財産に移転する制度であり、分割される信託は「分割信託」、分割された信託財産の移転を受ける信託を「承継信託」という（155条1項6号）。

　吸収信託分割がなされた場合、分割信託の信託財産の一部を他の信託の信託財産とすることができるだけでなく、分割信託の信託財産責任負担債務を承継信託の信託財産責任負担債務とすることができる。この場合、当該信託財産責任負担債務が信託財産限定責任負担債務であるときは、承継信託の信託財産限定責任負担債務となる（157条）。

(b) 新規信託分割

　新規信託分割がなされた場合、従前の信託の信託財産の一部は新たに成立した他の信託の信託財産となるだけでなく、従前の信託財産責任負担債務を新たに成立した信託の信託財産責任負担債務とすることができる。この場合、当該信託財産責任負担債務が信託財産限定責任負担債務であるときは、新たに成立した信託の信託財産限定責任負担債務となる（161条）。

b　手　　続

　信託の分割を行う方法は、以下のとおりである。なお、以下の方法のうち委託者の関与する信託の分割について、委託者がいない場合には、委託者の同意は不要である。

　なお、次の①から③の方法による信託の分割に係る規定は任意規定であり、④のとおり信託行為に定めることにより、①から③の方法による信託の分割を禁じることも、②及び③の受託者の通知義務を免除することも可能である（155条3項・159条3項）。

① 原則（155条1項・159条1項）
　　委託者、受託者及び受益者の合意
② 信託の目的に反しないことが明らかであるとき（155条2項1号・159条2項1号）
　　受託者及び受益者の合意
③ 信託の目的に反しないこと及び受益者の利益に適合することが明らかであるとき（155条2項2号・159条2項2号）
　　受託者の書面又は電磁的記録によってする意思表示
④ 信託行為に別段の定めがあるとき（155条3項・159条3項）
　　信託行為において定められる方法

ただし、信託の分割は、以下の事項を明らかにしてなされなければならず（155条1項各号・信託法施行規則14条各号、159条1項各号・信託法施行規則16条各号）、②及び③の方法による信託の分割がなされた場合、受託者は、遅滞なく、その内容を委託者及び受益者のうち、信託の分割に関与していない者に通知しなければならないこととされている（155条2項2文・159条2項2文）。

（吸収信託分割と新規信託分割に共通する事項）
　（a）信託の分割後の信託行為の内容
　（b）受益権の内容に変更があるときは、その内容及び変更の理由
　（c）受益者に対し金銭その他の財産を交付するときは、その財産の内容及びその価額
　（d）信託の分割が効力を生ずる日
　（e）移転する財産の内容
　（f）信託財産責任負担債務を、承継信託又は新たな信託の信託財産責任負担債務とするときは、当該債務に係る事項
　（g）受益者に対し金銭その他の財産を交付するときは、その財産の内容及びその価額の相当性に関する事項
　（h）受益者に対し金銭その他の財産を交付するときは、受益者に対する金銭その他の財産の割当てに関する事項及びその事項の定めの相当性に関する事項
　（i）分割をする信託において直前に作成された財産状況開示資料等の内

容。財産状況開示資料等を作成すべき時期が到来していないときは、次のイ又はロに掲げる書類又は電磁的記録の区分に応じ、当該イ又はロに定める事項。

　イ　限定責任信託以外の信託においては 37 条 2 項に掲げる書類又は電磁的記録

　　　書類又は電磁的記録を作成すべき時期が到来していない旨

　ロ　限定責任信託においては 222 条 4 項の書類または電磁的記録（会計監査設置信託においては会計監査報告を含む。）

　　　法 222 条 3 項の規定により作成された貸借対照表の内容

(j) 分割をする信託について、財産状況開示資料等を作成した後（財産状況開示資料等を作成すべき時期が到来していない場合にあっては、信託がされた後）に、重要な信託財産に属する財産の処分、重大な信託財産責任負担債務の負担その他の信託財産の状況に重要な影響を与える事象が生じたときは、その内容

(k) 信託の分割をする理由

（吸収信託分割にのみ要求される事項）

(a) 吸収信託分割をする他の信託についての次に掲げる事項その他の吸収信託分割をする各信託を特定するために必要な事項

　イ　委託者及び受託者の氏名又は名称及び住所

　ロ　信託の年月日

　ハ　限定責任信託であるときは、その名称及び事務処理地

(b) 吸収信託分割をする他の信託の信託行為の内容

(c) 吸収信託分割に際して、承継信託に属する財産（承継信託の受益権を含む。）を分割信託の信託財産に帰属させることとするときは、その財産の種類及び数若しくは額又はこれらの算定方法

(d) 吸収信託分割に際して、承継信託に属する財産（承継信託の受益権を含む。）を分割信託の信託財産に帰属させることとするときは、その財産の種類及び数若しくは額又はこれらの算定方法の相当性に関する事項

（新規信託分割にのみ要求される事項）

(a) 二以上の信託により新規信託分割が行われるときは、新規信託分割

をする他の信託についての次に掲げる事項その他の他の信託を特定するために必要な事項
　　イ　委託者及び受託者の氏名又は名称及び住所
　　ロ　信託の年月日
　　ハ　限定責任信託であるときは、その名称及び事務処理地
　(b)　二以上の信託により新規信託分割が行われるときは、その新規信託分割をする他の信託の信託行為の内容
　(c)　新たな信託の受益権を従前の信託の信託財産に帰属させることとするときは、その受益権の内容及び数若しくは額又はこれらの算定方法
　(d)　新たな信託の受益権を従前の信託の信託財産に帰属させることとするときは、その受益権の内容及び数若しくは額又はこれらの算定方法の相当性に関する事項

　さらに、信託会社については、信託の分割を行う場合には、d記載のとおり受益者が受益権取得請求権を取得する可能性があることから、一定の事項を公告するか、受益者に各別に催告しなければならないこととされる（信託業法29条の2、信託業法施行規則41条の5。詳細については4の記載参照）。

　そして、当該公告又は催告がなされる場合、そこに示された一定の期間内に異議を述べた受益者の受益権の個数が信託の受益権の総個数の2分の1を超えるとき（各受益権の内容が均等でない場合にあっては、当該信託の受益権の価格の額が同項の規定による公告又は催告の時における当該信託の受益権の価格の総額の2分の1を超えるとき、又は信託の受益権の信託財産に対する持分が公告又は催告の時における当該信託の受益権の元本持分の合計の2分の1を超えるとき）は、信託の分割をすることができない。

　　c　債権者保護手続（156条・158条・160条・162条）

　信託の分割によって分割された会社の信託財産が減少するため、分割される信託の信託財産責任負担債務に係る債権者は信託の分割により不利益を受けるおそれがある。また、吸収信託分割においては、承継信託が分割信託の信託財産責任負担債務を承継することがあり、かかる場合には承継信託の信託財産責任負担債務に係る債権者も不利益を受けるおそれがある。

そこで、信託の分割がなされる場合、分割される信託及び吸収信託分割における承継信託の信託財産責任負担債務に係る債権者[1]は、受託者に対して、信託の分割について異議を述べることができる（156条1項本文・160条1項本文）。そして、このような異議を述べる機会を債権者に付与するために、受託者は、信託の分割に際し、一定の事項を官報において公告しなければならず、かつ、知れたる債権者に各別に催告をするか、催告に代えて時事を掲載する日刊新聞紙又は電子公告によって公告しなければならないこととされる（156条2項本文・156条3項・160条2項本文・160条3項）。

なお、債権者が上記公告及び催告に定める期間内に異議を述べなかった場合には信託の分割を承認したものとみなされ、信託の分割に異議を述べた場合、受託者は、以下のいずれかの対応をとることが必要となる（156条4項・5項、160条4項・5項）。

(a) 当該債権者に対する弁済
(b) 当該債権者に対する相当の担保の提供
(c) 当該債権者に弁済をうけさせることを目的として信託会社（兼営法の認可を受けた金融機関を含む。）に対する相当の財産の信託

もっとも、信託財産責任負担債務に係る債権者を害するおそれがないことが明らかであるとき[2]は、受託者は上記公告及び催告をする義務を負わず、債権者は信託の分割に異議を述べることはできず、異議を述べても受託者は上記対応をとる必要がないこととなる（156条1項ただし書・2項本文・5項ただし書、160条1項ただし書・2項本文・5項ただし書）。

信託の分割において債権者が異議を述べることができる場合に、公告及び催告しなければならない事項は以下の事項である。

(吸収信託分割と新規信託分割に共通する事項)
(a) 吸収信託分割又は新規信託分割をすること

---

[1] 受益者は、信託の分割の意思決定に関与でき、また後述のとおり受益権取得請求権が認められることから、かかる債権者には含まれないと考えられている（寺本昌広著『逐条解説　新しい信託法』358頁注1）。
[2] 典型例として、信託財産責任負担債務に係る債権者が小口のものしかいないような場合が考えられる。

(b) 信託財産責任負担債務の債権者が一定の期間内（1か月以上の期間であることを要する。）に異議を述べることができる旨
(c) 分割をする信託についての次に掲げる事項その他の信託を特定するために必要な事項（なお、吸収信託分割の場合は両方の信託について必要）。
　イ　委託者及び受託者の氏名又は名称及び住所
　ロ　信託の年月日
　ハ　限定責任信託であるときは、その名称及び事務処理地
(d) 分割をする信託において直前に作成された財産状況開示資料等の内容。財産状況開示資料等を作成すべき時期が到来していないときは、次のイ又はロに掲げる書類又は電磁的記録の区分に応じ、イ又はロに定める事項（債権者がその事項を知ることができるようにするための適切な措置を受託者が講ずる場合にあっては、その措置に基づいてその債権者がその事項を知るための方法）。
　イ　限定責任信託以外の信託においては 37 条 2 項に掲げる書類又は電磁的記録
　　　当該書類又は電磁的記録を作成すべき時期が到来していない旨
　ロ　限定責任信託においては 222 条 4 項の書類又は電磁的記録（会計監査設置信託においては会計監査報告を含む。）
　　　法 222 条 3 項の規定により作成された貸借対照表の内容
(e) 分割をする信託について、財産状況開示資料等を作成した後（財産状況開示資料等を作成すべき時期が到来していない場合にあっては、信託がされた後）に、重要な信託財産に属する財産の処分、重大な信託財産責任負担債務の負担その他の信託財産の状況に重要な影響を与える事象が生じたときは、その内容（債権者がその事項を知ることができるようにするための適切な措置を受託者が講ずる場合にあっては、その措置に基づいてその債権者が当該事項を知るための方法）

（吸収信託分割のみに妥当し、かつ分割信託にのみ妥当する事項）
・吸収信託分割が効力を生ずる日以後における分割信託の信託財産責任負担債務及び承継信託の信託財産責任負担債務（吸収信託分割により承継信託の信託財産責任負担債務となるものに限る。）の履行の見込みに関する事項（債

権者が当該事項を知ることができるようにするための適切な措置を受託者が講ずる場合にあっては、当該措置に基づいて当該債権者が当該事項を知るための方法）

（吸収信託分割のみに妥当し、かつ承継信託にのみ妥当する事項）
- 吸収信託分割が効力を生ずる日以後における承継信託の信託財産責任負担債務（債権者がそれらの事項を知ることができるようにするための適切な措置を受託者が講ずる場合にあっては、その措置に基づいてその債権者がその事項を知るための方法）

（新規信託分割のみに妥当する事項）
- 新規信託分割が効力を生ずる日以後における当該信託の信託財産責任負担債務及び新たな信託の信託財産責任負担債務（当該従前の信託の信託財産責任負担債務のうち、新規信託分割により新たな信託の信託財産責任負担債務となったものに限る。）の履行の見込みに関する事項（債権者がその事項を知ることができるようにするための適切な措置を受託者が講ずる場合にあっては、当該措置に基づいてその債権者が当該事項を知るための方法）

更に、信託の分割においては、分割する信託及び吸収信託分割の承継信託における知れたる債権者は、各信託から上記事項の催告を受けることができなかったときは、信託分割後においても、信託分割前に自己の債権の責任財産であった財産のうち信託の分割の効力が生じた時点での価格の範囲の財産をもって、その債権に係る債務を履行することを請求できることとされ、知れたる債権者の保護が図られている（158条・162条）。

d 受益権取得請求権（103条）

信託の分割を行う場合、その意思決定において賛成の意思を表示しておらず、かつ損害を受けるおそれのある受益者は、受託者に対し、自己の有する受益権の取得を請求することができる（「第4章 受益者・受益権 8 受益権取得請求権」参照）。

〔正田 真仁〕

第7章　信託の終了

1　信託の終了
2　信託の清算
3　信託財産の破産

1 信託の終了

* 関連条文　163条～174条

> **現行法のポイント**
>
> ➤ 信託の終了事由を明確に。
>   ① 信託の目的の達成、信託の目的の不達成
>   ② 受託者が受益権の全部を固有財産にて1年間保有を継続
>   ③ 受託者が欠け、新受託者を選任することができない状態が1年以上継続
>   ④ 費用・報酬の不足等を理由とする受託者による信託の終了
>   ⑤ 信託の併合
>   ⑥ 信託の終了を命ずる裁判
>   ⑦ 信託財産についての破産手続開始決定
>   ⑧ 委託者の管財人等による信託契約の解除
>   ⑨ 信託契約において定めた終了事由の発生
> ➤ 委託者と受益者は、原則として、合意により、いつでも信託を終了させることが可能に。

1　趣　旨

　現行法は、信託について信託契約において柔軟な規律を設けることを認めたことなどを踏まえ、終了事由についても柔軟な規定を設けるとともに、公益の上の理由により裁判所の命令により信託を終了させることができる手続を設けるなどしている。

2 内　容

a　信託の終了事由

現行法が定めている終了事由は、次のとおりである。

(a) 信託の目的の達成・信託の目的の不達成（163条1号）

旧法においても終了事由として認められていたものであり（旧法56条）、信託がその目的を達成し、あるいは、その目的を達成することができないことが確定した場合には、その信託を存続させる必要がないことから当然に信託は終了するものとされている。

(b) 受託者が受益権の全部を固有財産にて1年間保有を継続（163条2号）

旧法においては、受託者がその信託の受益権のすべてを保有することは禁止されていた（旧法9条）が、これでは、受託者が、受益権を一時的に取得し、これを第三者に処分することまで否定されることとなってしまい、かえって信託の利便性を阻害するおそれがあると考えられたことから、現行法においては、受託者が受益権の全部をその固有財産において一時的に保有すること自体は許容することとしている（98条）。

しかしながら、信託は、委託者・受益者と受託者との間の信認関係の下で、受託者が他人の財産を管理するというところにその本質があることから、受益権を一時的にその固有財産で保有することを認めるとしても、その処分のために必要な合理的な期間を経過したにもかかわらず、なお、固有財産において受益権を保有している状態が解消されない場合には、信託を終了させることとするものである。

(c) 受託者が欠け、新受託者を選任することができない状態が1年以上継続（163条3号）

旧法においては、受託者が欠けたような場合は信託の目的を達成することができなくなったとして信託が終了するものと解されていたが、信託の目的を達成することができなくなったか否かについては、必ずしもその基準が明

確ではなく、解釈上の疑義を招くことになりかねない。

そこで、現行法は、受託者が欠け、新受託者を選任することができない状態が少なくとも1年以上継続した場合には、信託の終了事由となることを明らかにしたものである。

(d) 費用・報酬の不足等を理由とする受託者による信託の終了（163条4号）

旧法においては、信託財産を処分して費用・報酬等の支払を受けることができるとされていたが、信託の終了事由に該当するか否かについては明確に規定されていなかった。

しかしながら、現行法は、受託者に対して費用・報酬等の支払もできないような状況においては信託の目的を達成することはできないと考えられることから、受託者は、委託者及び受益者に通知をし、不足する費用・報酬等の支払を催告の上、その支払がない場合には、信託を終了することができることとしている。

費用・報酬等が不足した場合の手続については、第52条等に規定されているが、新たに信託を終了させることができるようになったことを踏まえ、信託の終了事由として明確に規定をしたものである。

(e) 信託の併合（163条5号）

現行法は、会社の合併手続に準じて、信託財産責任負担債務に係る債権者を保護するための手続等を設けた上で、信託を併合することができる手続を設けたことにより、信託の併合により新しい信託に吸収されて終了させるべき信託がでてくることから、信託の併合を信託の終了事由として定めるものである。

(f) 信託の終了を命ずる裁判（163条6号）

旧法においては、やむことを得ない事情等が生じた場合において、受益者その他の利害関係人の申立てにより、裁判所は、信託の解除を命ずることができることとされていた（旧法58条）。

現行法は、旧法の考え方を基本的に維持しつつも、裁判所が信託を終了させることができる場合を限定的に定めることにより、信託の安定性を確保することができるようにしている。

委託者、受託者又は受益者の申立てにより、裁判所が信託の終了を命ずることができるのは、信託行為の当時予見することができなかった特別の事情がある場合である（165条）。

旧法における「やむことを得ない事由」がどのような内容を指すのか必ずしも明確ではなかったことから、信託行為（信託契約）の当時、当事者が予想をすることもできなかったような特別な事情変更が認められた場合を指すことを明確にしている。特に、旧法では、「やむことを得ない事由」の1つとして、受益者が信託財産を以て弁済をしなければその債務の弁済をすることができなくなった場合が例示されていたが、委託者の意思を無視して受益者の事情だけで信託を終了させることが適当ではないこともあり得ることにかんがみ、このような例示は定められていない。

また、信託行為の後に特別な事情の変更があった場合でも、当然のことながら、必ずしも信託を終了させる必要がないこともあり得ることから、このような特別な事情の変化により、「信託を終了することが信託の目的及び信託財産の状況その他の事情に照らして受益者の利益に適合する」に至ったことを要件としている。

そのほか、現行法においては、信託行為により柔軟なスキーム設計をすることができるようになったことに伴い、信託が濫用的に利用されるおそれがあることにかんがみ、公益を確保するために信託の存続を許すことができないと考えられる場合には、その信託について、法務大臣又は信託の当事者その他の利害関係者からの申立てにより、裁判所が信託の終了を命ずることができる手続を設けている（166条）。

(g) 信託財産についての破産手続開始決定（163条7号）

現行の破産法は、信託財産責任負担債務については、原則として、信託財産をその責任財産の基礎としていることから、信託財産を以て、信託財産責任負担債務の履行をするのに十分ではないと認められる場合には、信託財産について、破産手続を開始し、信託財産責任負担債務の債権者に対して公平な弁済を図ることができるようにしている。

このように、信託財産について破産手続を開始させ、破産手続により信託の清算を行うことができるようにしたことに伴い、信託財産について破産手

続開始決定がされたことを以て、信託の終了事由としている。

(h) 委託者の管財人等による信託契約の解除（163条8号）

委託者について破産手続開始の決定等がされ、その破産管財人等が、双方未履行契約の解除の規定により、信託契約が解除されたことを以て、信託の終了事由と定めたものである。

なお、破産管財人等によって双方未履行双務契約の解除権が行使された場合であっても、信託についての契約関係は、遡及的に消滅するのではなく、将来に向かって信託の終了の効果が発生し、信託の清算の手続に移行することとなる。

(i) 信託契約において定めた終了事由の発生（163条9号）

信託契約において終了事由として定められた事由が発生した場合であり、これは、旧法においても、同様の取扱いが認められていた。

b　委託者と受益者との同意による信託の終了

旧法においても、委託者が信託利益の全部を享受する場合には、委託者はいつでも信託を解除することができるものとしていた（旧法57条）。

これは、信託の設定者であるとともに信託利益の享受者でもある者が、信託の終了を望むのであれば、これを妨げる理由はないとの考え方によるものである。

現行法は、信託の設定者（委託者）と信託利益の享受者（受益者）とが別人であっても、その両者が信託を終了させることに同意しているのであれば、信託を終了させても問題はないと考えられることから、委託者と受益者との同意による信託の終了を認めるものである。

〔武智　克典〕

2 信託の清算

* 関連条文　175条〜184条

> 現行法のポイント

> ➤ 受託者は、信託の清算が行われている間、清算受託者として、信託契約等に特別の定めがない限り、信託の清算のために必要な権限のみを有することが明確に。
> ➤ 受益者ではない帰属権利者は、信託の清算が行われている間、受益者として、清算受託者の清算事務の遂行を監督することが可能に。
> ➤ 信託における債権債務関係は、残余財産受益者等、受益者又は債権者との間において別段の合意がない限り、次の順序で清算されることを明確に。
>   ① 信託債権に係る債務の弁済
>   ② 受益債権（残余財産の給付を内容とするものを除く。）に係る債務の弁済
>   ③ 残余財産の給付

1　趣　旨

　旧法の下では、信託が終了してから最終の計算が終了するまでの間において、受託者、受益者及び帰属権利者の間には信託関係（いわゆる法定信託）が存在するものとされていたが（旧法63条）、かかる法定信託の位置づけ自体も明確ではなく、受託者、受益者及び帰属権利者の権利義務の内容は必ずしも明確ではなかった。
　そこで、現行法は、信託が終了してから最終の計算が終了するまでの間を「清算手続」として位置づけ、その間においてもなお従前の信託が存続する

ものとして法定信託の位置づけを明確にするとともに、清算中の信託における受託者、受益者及び帰属権利者の権利義務の内容を明らかにしている。

なお、限定責任信託については、信託債権の弁済について、受託者がその固有財産で責任を負うことがないことにかんがみ、信託の清算について特則が設けられているが、その点については、限定責任信託における説明を参照されたい（後記第8章、「5　限定責任信託」）。

2　内　　容

a　総　　説

現行法は、信託の清算手続を設け、信託の併合又は破産手続開始の決定で終了した場合を除き、信託が終了した場合には、所定の手続（第7章第2節（175条～184条）の各規定）に従って清算を行うことを義務づけるとともに、信託が終了した場合であっても、清算が結了するまでは、従前の信託が存続することとした。

すなわち、現行法の下では、「信託の終了」、「信託の清算」、「清算の結了」とは、次のように整理されることになる。

① 「信託の終了」……信託が終了すべき事由が発生すること（163条1項）
② 「信託の清算」……信託の終了後の手続（175条）
③ 「清算の結了」……清算事務が完了すること（176条）

b　清算開始原因等（175条）

（a）清算開始原因 ── 信託の終了

信託が終了した場合には、信託債権者の公平を図りつつ、信託についての債権債務関係の清算を行うため、所定の信託の清算手続を経なければならず、原則として、「信託の終了」が清算開始原因となる。

ただし、信託の併合により信託が終了した場合（163条5号）及び信託財産について破産手続開始決定がされたことにより信託が終了した場合（163条7号）には、信託の清算手続によらなくても信託債権者の公平を害する

<図1　信託の清算手続>

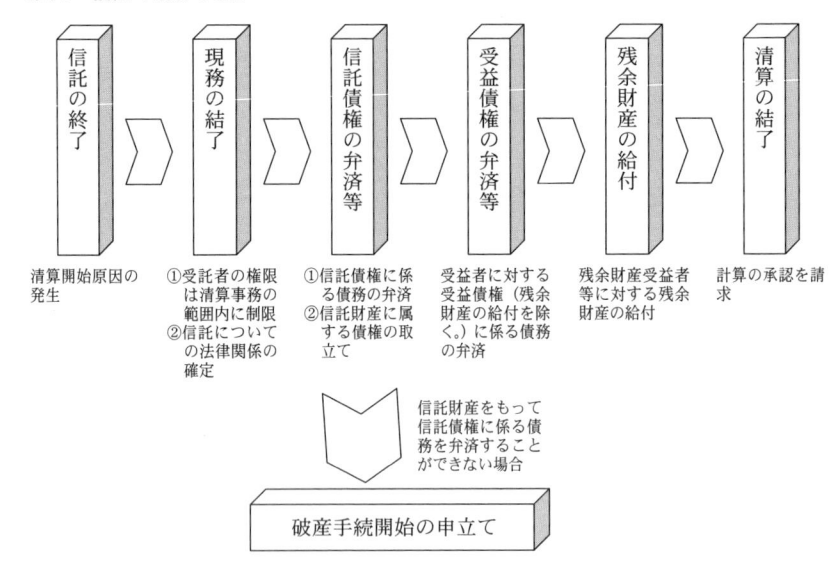

```
信託の終了 → 現務の結了 → 信託債権の弁済等 → 受益債権の弁済等 → 残余財産の給付 → 清算の結了
```

- 信託の終了：清算開始原因の発生
- 現務の結了：①受託者の権限は清算事務の範囲内に制限 ②信託についての法律関係の確定
- 信託債権の弁済等：①信託債権に係る債務の弁済 ②信託財産に属する債権の取立て
- 受益債権の弁済等：受益者に対する受益債権（残余財産の給付を除く。）に係る債務の弁済
- 残余財産の給付：残余財産受益者等に対する残余財産の給付
- 清算の結了：計算の承認を請求

信託財産をもって信託債権に係る債務を弁済することができない場合 → 破産手続開始の申立て

おそれがないことから、信託の清算手続を経ることなく信託を終了させることができる。

　すなわち、信託の併合により信託が終了する場合には、信託の併合の手続において信託債権者を保護するための手続が設けられているし（信託の併合の手続については、前記第 6 章、2）、また、信託財産について破産手続開始の決定がされたことにより信託が終了する場合には、破産手続において信託債権者の公平が図られることから、あえて信託の清算の手続を経る必要はないのである。

（b）清算開始の効果 ── 清算目的での信託の存続
　　i　受託者による清算事務遂行義務
　信託が終了し、信託の清算が開始されると、信託は、清算のために必要な限度においてのみ存続することとなる。この点は、法人が解散し、清算手続が開始された場合と同様である。
　したがって、受託者は、信託契約に定められた信託事務を終了（現務の結了）し、清算受託者として清算事務を開始することとなる。清算受託者には、

このような清算事務を行うために必要な一切の権限が与えられている。例えば、財産の管理のみを目的とする、いわゆる管理信託においても、清算手続における債務の弁済のために信託財産の処分が必要となる場合には、清算受託者は、信託財産を処分する権限を有すると解される。

清算事務とは、具体的には、以下のような事務をいう。

① 現務の結了 ── 信託についての法律関係（債権債務関係）の確定
（信託契約に定められた信託事務の終了）

② 信託債権の弁済等 ── 第三者との債権債務関係の清算
（信託財産に属する債権の取立て及び信託債権に係る債務の弁済）

③ 受益債権の弁済 ── 受益者との債権債務関係の清算
（受益債権（残余財産の給付を内容とするものを除く。）に係る債務の弁済）

④ 受益者等に対する残余財産の給付 ── 受益者等に対する残余財産の給付
（受益者又は帰属権利者（以下「受益者等」という。）に対する残余財産（信託財産により、信託債権に係る債務及び受益債権に係る債務の弁済をした後の残りの残余財産をいう。）の給付）

⑤ 最終の計算処理・受益者等に対する承認請求 ── 清算の結了
（最終の計算を行い、受益者等に対してその承認を請求）

ただし、清算受託者が行うべき職務（権限）については、信託契約において別段の定めをすることも可能であり、清算事務以外の事務を加えることも可能である（178条1項ただし書）。

ⅱ 帰属権利者による監督権限

信託の清算が開始されると、帰属権利者は、受益者とみなされ、受益者とともに清算受託者の事務の遂行を監督することができる（183条6項）。なお、受益者は、残余財産から給付を受けることができる権利を有しているか否かを問わず、信託の清算が開始されても、受益者として清算受託者の事務の遂行を監督することとなる。

なお、残余財産の給付を受けることができるのは、残余財産の給付を内容とする受益債権を有する受益者と帰属権利者（受益者ではない者）である。

この帰属権利者は、受益者と同様に委託者がこれを兼ねることもできるが、これを兼ねないことも許されることから、信託契約の当事者ではないこ

とも少なくない。

そこで、受益者を確定する手続と同様に、帰属権利者を確定するための手続が設けられている。

① 信託契約において定められた帰属権利者は、受益者と同様、特に受益の意思表示をすることなく、当然に残余財産の給付を受ける権利を取得する。なお、信託契約において、条件等別段の定めが設けられたときは、かかる条件に従うことになる (183条1項)。

また、帰属権利者は、自らを帰属権利者とする信託が設定されたことを知らない可能性もあるため、信託契約等に別段の定めがない限り、受託者に帰属権利者に対する通知義務が課されている (183条2項・88条2項)。

② 帰属権利者は、委託者として信託契約の当事者であった場合を除き、帰属権利者としての権利を放棄することができ、この場合には、当初から帰属権利者としての権利を取得していなかったものとみなされる (183条4項)。

c 現務の結了 (177条1号)

受託者は、信託の清算の開始後は、清算受託者となり、従前の信託事務を終了する。すなわち、信託の受託者として取引をし、継続的な契約関係が存在する場合には、これらの契約を終了し、法律関係を確定させなければならない。

このようにして、現務を終了させることにより、信託についての債権債務関係が確定されることになる。

ただし、信託契約において別段の定めが定められている場合には、受託者は、なお、従前の信託事務の全部又は一部を行うことが可能である (178条1項ただし書)。

d 信託債権の弁済等 (177条2号)

清算受託者は、確定した信託についての債権債務関係に基づき、信託債権の弁済等の事務を行うことになる。

(a) 信託財産に属する債権の取立て（177条2号・3号）

清算受託者は、信託財産に属する債権の取立てを行い、第三者に対する債権の清算に係る事務を行うこととなる。

なお、信託契約における残余財産の給付方法の定め如何（例えば、信託財産である債権を現状有姿にて交付することとされている場合）などには、必ずしも信託財産に属する債権のすべての取立てを行う必要はないと考えられるが、少なくとも、信託債権に係る債務の弁済に必要な限度においては、信託財産に属する債権の取立てを行わなければならないこととなる。

(b) 信託債権に係る債務の弁済（180条）

清算受託者は、すべての信託債権に係る債務を弁済しなければならない。

なお、信託債権の中には、条件付債権、存続期間が不確定な債権その他その額が不確定な債権に係る債務であることもあり得るがそれらの弁済をする場合には、これらの債権の評価のため、裁判所に対し、鑑定人の選任の申立てをしなければならない。また、この場合の費用（鑑定のための呼出し及び質問に関する費用）の一切は、清算受託者の負担となる。しかし、これらの費用については、清算受託者、受益者、信託債権者及び帰属権利者の間で別途の合意を行うことも可能である（180条6項）。

また、清算中の信託において、信託財産に属する財産がその債務を完済するのに足りないことが明らかになったときは、清算受託者は、直ちに信託財産についての破産手続開始の申立てをしなければならない（179条1項）。

なお、信託財産の破産手続については、後記第8章「3　信託財産の破産」を参照されたい。

e　受益債権の弁済（177条3号）

(a) 受益債権の弁済

清算受託者は、信託債権の弁済を終えた後、受益債権（残余財産の給付を内容とするものを除く。）に係る債務の弁済を行うことになる。

原則として、受益債権は、信託債権より劣後するとされていることから、清算手続においても、信託債権が優先して弁済されるのが原則である（101条）が、受益者と信託債権者との間で信託債権と受益債権との間の優先劣後

関係について別段の合意がされている場合には、当該合意に従って処理がされることになり、信託債権との関係においては、受益債権と同順位又は受益債権が優先して取り扱われることになる。

(b) 信託財産の管理等

清算受託者は、受益債権に係る債務の弁済などの清算事務を行うため、信託財産の管理を行うべき義務を負うが、

① 受益者等が受益債権に基づく信託財産の受領を拒んだ場合
② 受益者等が当該信託財産を受領することができない場合で、かつ、相当の期間を定めてその受領の催告をし、当該期間が経過した場合
③ 受益者等が行方不明の場合

には、その交付すべき信託財産を競売にかけて換価することができる（178条2項から4項）。

これは、清算事務の遂行において、清算受託者に過大な負担を課すことがないよう配慮したものである。

f 残余財産の給付（177条4号）

(a) 残余財産の帰属者の決定

① まず、残余財産は、信託行為（信託契約等）において、残余財産の給付を内容とする受益債権に係る受益者（「残余財産受益者」）、又は残余財産の帰属すべき者（「帰属権利者」）として指定された者に帰属する。以下では、残余財産受益者と帰属権利者とをあわせて、「残余財産受益者等」という。
② 次に、信託行為において残余財産受益者等の指定に関する定めのない場合又は残余財産受益者等としての指定を受けた者のすべてがその権利を放棄した場合には、信託行為において委託者（又はその相続人その他の一般承継人）が帰属権利者として指定されていたものとみなされる。
③ さらに、①②で決まらない場合（例えば、帰属権利者が有する残余財産引渡請求権が時効消滅した場合など）には、残余財産は、清算受託者に帰属する。

(b) 残余財産の給付方法

清算受託者は、残余財産受益者等に対し、信託行為において定められた方

<図2　残余財産の帰属者の決定方法>

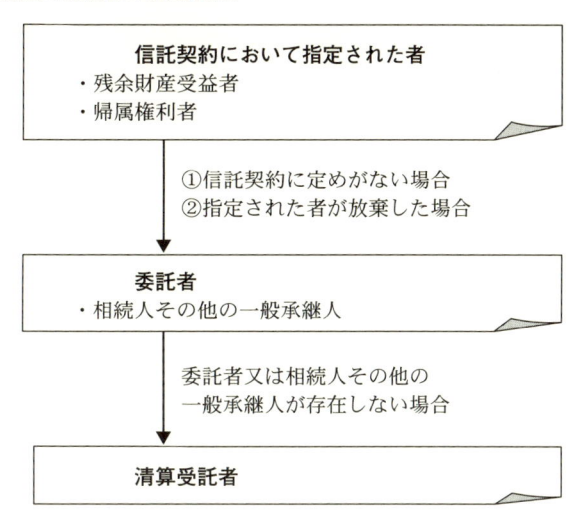

```
┌─────────────────────────────┐
│   信託契約において指定された者    │
│    ・残余財産受益者              │
│    ・帰属権利者                 │
└─────────────────────────────┘
            │ ①信託契約に定めがない場合
            │ ②指定された者が放棄した場合
            ▼
┌─────────────────────────────┐
│   委託者                      │
│    ・相続人その他の一般承継人     │
└─────────────────────────────┘
            │ 委託者又は相続人その他の
            │ 一般承継人が存在しない場合
            ▼
┌─────────────────────────────┐
│   清算受託者                   │
└─────────────────────────────┘
```

法（現状有姿で交付することができる等）により残余財産を給付することとなる。

　前記のとおり、清算受託者は、信託債権及び受益債権（残余財産の給付を除く。）に係る債務を弁済した後でなければ、残余財産受益者等に残余財産を給付することはできない（181条本文）。ただし、信託債権及び受益債権（残余財産の給付を除く。）に係る債務の弁済に必要な財産を留保した場合には、残余財産を給付することができるとされている（181条ただし書）。また、残余財産受益者等と信託債権者又は受益者との間で、信託債権又は受益債権（残余財産の給付を除く。）と残余財産の給付請求権との間の優先劣後関係について別段の合意をした場合にも、異なる取扱いをすることが可能である。前記gにおいて述べたとおり、信託債権と受益債権（残余財産の給付を除く。）との間の優先劣後関係は、受益者と信託債権者との間の合意により別段の定めをすることができることから、信託債権、受益債権（残余財産の給付を除く。）及び残余財産の給付請求権の三者の優先劣後関係は、信託債権者、受益者（残余財産の給付に係る受益者以外の受益者）及び残余財産受益者等の合意により定めることができることになる。

(c) 残余財産の管理等

清算受託者は、残余財産を給付すべく、その管理を行うべき義務を負うが、
① 残余財産受益者等が当該残余財産の受領を拒んだ場合
② 残余財産受益者等が当該残余財産を受領することができない場合で、かつ、相当の期間を定めてその受領の催告をし、当該期間が経過した場合
③ 残余財産受益者等が行方不明の場合

には、残余財産を競売にかけて換価することができる（178条2項から4項）。

これは、前記の信託財産の換価の手続と同様、清算受託者に過大な負担を課すことがないよう配慮したものである。

(d) そ の 他

帰属権利者が有する残余財産の給付を受ける権利は、信託関係の当事者が信託財産から給付を受けるという点において、受益債権とその性質が類似することから、帰属権利者は、信託の清算期間中は、受益者としてみなされ、受益債権に関する一部の規定（受益債権は信託財産の限度においてのみ責任を負う旨の規定（100条）及び受益債権の行使期間の制限に関する規定（102条））が準用されている。

g　清算の結了（184条）

(a) 最終の計算・承認の請求（184条1項）

清算受託者は、その職務を終了した場合には、遅滞なく、信託事務に関する最終の計算を行い、信託が終了した時における受益者（信託管理人が現に存する場合にあっては、信託管理人）及び帰属権利者のすべてに対し、その承認を求めなければならない（184条1項）。

最終の計算を終え、承認を求めた時点で清算は結了することとなる。

なお、旧法下では、「受益者の承認を得ることを要す」となっていたが（旧法65条）、現行法では、受託者としては適切に計算を行い報告をすれば足り、承認をするかどうかは受益者又は帰属権利者の意思に委ねられるべきであるとの考えのもと、受託者には「承認を求める」義務を課すにとどめている。

(b) 承認による免責の効果（184条2項・3項）

受益者又は帰属権利者は、最終の計算について承認をした場合には、その

承認をした受益者又は帰属権利者に対する清算受託者の責任は免除されたものとみなされる。なお、受益者又は帰属権利者が承認を求められた時から1か月以内に異議を述べなかった場合には、承認をしたものとみなされる。

また、旧法65条については、承認により免責される受託者の責任の範囲及び免責が受けられない不正行為の内容については、解釈が分かれていたところであるが、この点については、なお、現行法の下においても解釈問題として残っているものと思われる。

h その他

旧法の下では、受託者、信託債権者、受益者及び帰属権利者との間の法律関係が必ずしも明確ではなかったため、信託債権者に対する弁済や受託者に対する費用の償還が未了のままで受益者等に信託財産が交付されることも想定され、次のような規定が置かれていた。

① 信託債権者は、信託財産に対する強制執行等の手続を開始した後に信託が終了した場合であっても、信託財産の帰属者に対し、承継執行文を得ることなくそのまま手続を続行することができるとする規定（旧法64条による53条の準用）

② 受託者は、信託の終了後に受益者等に対して交付した信託財産につき、自らが有する補償請求債権に基づいて強制執行をすることができるとする規定（旧法64条による54条の準用）

しかし、現行法の下では、信託債権者と受益者等との間において別段の合意がされるなどの特段の事情がない限りは、残余財産の給付に先立って信託債権に係る債務の弁済をしなければならず（181条）、また、受託者の費用が償還されない限りは、受益債権に係る債務の弁済及び残余財産の給付を拒むことができることとしており（51条）、上記のような規定を設けておく必要はない。

そこで、現行法は、旧法とは異なり、強制執行等の手続の承継に関する規定（75条8項及び9項）は、信託の清算について準用しないこととした。

〔武智 克典〕

3 信託財産の破産

* 関連条文　179条、信託法の施行に伴う関係法律の整備等に関する法律68条、破産法2条・244条の2～244条の13等

> **現行法のポイント**
>
> ➤ 信託財産が債務超過又は支払不能に陥った場合に、信託財産について破産手続を開始することが可能に。

1 趣　旨

　現行法において限定責任信託制度が新設されたことに加え、現状の信託実務の下でも信託財産により負担している債務の責任財産を信託財産に限定する取引が相当程度認められていることにかんがみ、信託財産がその債務に比して過小となったとき等に、信託財産を引当とする債務に係る債権者に対する公平な弁済を確保する必要があるといわれていた。
　そこで、破産法に新たに信託財産の破産手続を設け、信託財産に破産能力を認めるとともに、信託財産の破産について手続を設けている。

2 内　容

a　信託財産の破産

　破産法2条1項において、「『破産手続』とは、次章以下に定めるところにより、債務者の財産又は相続財産若しくは信託財産を清算する手続をいう。」とされ、信託財産に破産能力が認められた。これにより、信託財産について破産手続を利用することができることとなった。

なお、同条に定める「信託財産」には何らの限定もないことから、限定責任信託のみならず、通常の信託においても破産手続を利用することが認められている。

b　信託財産の破産における破産手続開始の要件

信託財産の破産における破産手続開始の要件は、債務超過及び支払不能である（破産法244条の3・15条1項）。

① 「債務超過」……受託者が、信託財産責任負担債務につき、信託財産に属する財産をもって完済することができない状態をいう（破産法244条の3）。
② 「支払不能」……受託者が信託財産による支払能力を欠くために、信託財産責任負担債務のうち弁済期にあるものにつき、一般的かつ継続的に弁済することができない状態をいう（破産法2条11項）。

c　信託財産の破産の申立権者

信託財産の破産の申立権者は、以下のとおりである（破産法244条の4第1項）。

① 限定責任信託にかかる信託債権を有する者
② 受益者
③ 受託者（清算受託者を含む。）
④ 信託財産管理者
⑤ 信託財産法人管理人
⑥ 信託法170条1項の管理人

なお、①及び②に当たる者が破産手続開始の申立てをする場合には、破産手続開始の原因となる事実に加え、自らが有する信託債権又は受益債権の存在についても疎明しなければならない（破産法244条の4第2項1号）。

また、③から⑥までに当たる者（受託者等）が破産手続開始の申立てをする場合には、破産手続開始の原因となる事実について疎明しなければならないが（破産法244条の4第2項2号）、受託者等が一人であるとき、又は、受託者等の全員が破産手続開始の申立てをした場合には、疎明を要しない（破産

法244条の4第3項)。

d　信託財産の破産手続開始申立ての時期

信託財産については、信託が終了した後であっても、残余財産の給付が終了するまでの間は、破産手続開始の申立てをすることができる（破産法244条の4第4項）。

なお、清算中の信託において、信託財産に属する財産がその債務を完済するのに不足することが明らかになったときは、清算受託者は、直ちに信託財産についての破産手続開始の申立てをしなければならない（179条）。

e　破産財団の範囲

信託財産の破産においては、破産手続開始の時点で信託財産に属する一切の財産（日本国内にあるかどうかを問わない。）が破産財団となる（破産法244条の5）。

f　破産債権の優先劣後関係

限定責任信託にかかる信託債権者及び受益者は、受託者について破産手続開始の決定があったときでも、破産手続開始の時において有する債権の全額について破産手続に参加することができる（破産法244条の7第1項）。ただし、受託者が固有財産又は他の信託の信託財産に属する財産のみをもって履行する責任を負う債務（固有財産等責任負担債務）に係る債権は、破産債権に該当しない（破産法244条の9）。

そして、信託財産の破産手続においては、限定責任信託にかかる信託債権は、受益債権に優先する（破産法244条の7第2項）。

この点について、信託法101条とは異なり、特約により債権の優先順位を変更することはできないのではないかとの議論もあるところであり、留意が必要である。

信託財産の破産手続においては、受益債権と約定劣後破産債権（破産法99条2項）は、同順位である。ただし、信託行為の定めにより、約定劣後破産債権が受益債権に優先するものとすることができる（破産法244条の7第3項）。

なお、本項のただし書は、「信託行為の定めにより」となっているため、単に信託契約外で約定劣後債権者も含めた合意は、受益債権を約定劣後破産債権に優先させる旨の合意であっても、ここでいう「信託行為の定め」に当たらず、これをすることができないのではないかとの議論もあるところである。

g　受託者の権利等

信託財産に対する受託者の次の権利は、破産手続においては、金銭債権とみなされる（破産法244条の8）。これにより、受託者は、自己が有する権利について、破産手続に基づいて権利行使することが可能とされている。

① 信託事務を処理するのに必要な費用及びその利息の償還又は前払いを受ける権利（49条1項）
② 受託者が信託事務を処理するため自己に過失なく又は第三者の故意若しくは過失によって損害を受けた場合の賠償請求権（53条）
③ 信託報酬を受ける権利（54条）

h　受託者の義務等（破産法244条の6）

受託者等及び信託法248条1項又は2項の会計監査人等並びにこれらであった者は、破産管財人若しくは債権者委員会の請求又は債権者集会の決議に基づく請求があったときは、破産に関し必要な説明をしなければならない（破産法244条の6第1項・第2項）。

受託者等は、信託財産の破産手続開始の決定後遅滞なく財産の内容を記載した書面を裁判所に提出しなければならない（破産法244条の6第4項・41条）。

受託者等が個人の場合には、居住制限があり、また、裁判所は必要に応じ、引致を命じることができる（破産法244条の6第3項・37条・38条）。

i　否認等

信託財産の破産手続においては、受託者等が信託財産に関してした行為が破産者の行為とみなされ、否認権の規定（第6章第2節）が、適用される（破産法244条の10第1項）。

信託財産の破産において、受託者は破産者ではないものの、従前、受託者が信託財産の管理処分権限を有していたため、このような規定が置かれた。

この場合、行為の相手方が受託者等又は会計監査人であるときは、行為の当時、以下の事項を知っていたものと推定される。

① 相当の対価を得てした財産の処分行為の否認（破産法161条1項）については、受託者等が隠匿等の処分をする意思を有していたこと（破産法244条の10第2項）

② 特定の債権者に対する担保の供与等の否認（破産法162条1項1号）については、行為の当時、受託者等が支払不能であったこと若しくは支払の停止があったこと又は破産手続開始の申立てがあったこと（破産法244条の10第3項）

③ 破産者の受けた反対給付に関する相手方の権利等（破産法168条2項）については、受託者等が、隠匿等の処分をする意思を有していたこと（破産法244条の10第4項）

j　破産管財人の権限

破産管財人又は保全管理人は、信託財産について、以下の行為を行うことができる（破産法244条の11）。なお、清算中の信託財産について破産手続が開始された場合において、清算受託者が既に信託財産責任負担債務に係る債権の支払を行っていたときには、破産管財人は、これを取り戻すことができる（179条2項）。

① 受託者の権限違反行為にかかる取消権の行使（27条1項又は2項）

② 受託者の利益相反行為の追認（31条5項）

③ 受託者の利益相反行為にかかる取消権の行使（31条6項又は7項）

④ 受託者の競合行為に関する介入権の行使（32条4項）

⑤ 受託者の損失てん補責任又はこれに関する受託者の役員の連帯責任に関する責任の追及（40条・41条）

⑥ 受託者の損失てん補責任、これに関する受託者の役員の連帯責任に関する責任又は会計監査人の損失てん補責任の免除（42条・254条3項）

⑦ 限定責任信託における信託財産の給付に関する責任又は欠損の生じた

場合の責任の追及並びに会計監査人の損失てん補責任の追及（226条1項・228条1項・254条1項）

k　破産債権者の同意による破産手続開始の申立て

　信託財産の破産における破産債権者の同意による破産手続開始の申立て（破産法218条1項）の申立権者は受託者等であり、受託者等が数人あるときには、各人が個別に申立権を有する（破産法244条の13第1項）。

　この場合、受託者等は申立てに当たり、信託の変更に関する規定に従い、あらかじめ、信託を継続する手続をしなければならない（破産法244条の13第3項）。

l　その他

　信託財産の破産手続では、上記に記載したものに加え、通常の破産手続と同様に、保全手続、登記や罰則等の各種規定も準用されている。

〔小室　太一〕

第8章　特殊な類型の信託

1　自己信託（信託宣言）
2　事業信託
3　セキュリティ・トラスト
4　受益証券発行信託
5　限定責任信託
6　民事信託
7　目的信託
8　公益信託

1 自己信託（信託宣言）

＊ 関連条文　3条3号・4条3項・23条・258条1項・266条1項

> **現行法のポイント**
>
> ➢ 信託宣言によって、委託者が自ら受託者となり信託財産の管理処分等を行うことが可能に。

1 趣　　旨

　自己信託とは、委託者が自ら受託者となる信託のことをいい、信託宣言によって行われる。

　旧法においては、自己信託を予定した規定が存在しなかったこと、旧法1条の文言等から、自己信託は許容されないと解されていた。

　しかし、信託の本質は、受託者が自己のためにではなく受益者のために信託財産の管理処分等をすることによって、委託者の有していた財産を実質的に受益者に移転していくことにあると解されているところ、自己信託もこのような信託の本質に反するものではないといえることなどから、現行法においては、自己信託に対する懸念点に対する配慮をしながらも、自己信託が認められた。

2 内　　容

a 自己信託の成立要件

　自己信託は、委託者が単独でする意思表示[1]によって行われるところ、かかる意思表示は、①公正証書その他の書面又は電磁的記録でなされなければ

ならず、また、②その目的や信託すべき財産など、信託の内容を特定するために必要な情報（記載事項については、以下のとおりである。）を記載し又は記録して行うことを要する（要式性。3 条 3 号、施行規則 3 条）。

1	信託の目的
2	信託をする財産を特定するために必要な事項
3	自己信託をする者の氏名又は名称及び住所
4	受益者の定め（受益者を定める方法の定めを含む。）
5	信託財産に属する財産の管理又は処分の方法
6	信託行為に条件又は期限を付すときは、条件又は期限に関する定め
7	163 条 9 号の事由（当該事由を定めない場合にあっては、その旨）
8	その他の信託の条項

b 自己信託の効力発生時期

自己信託は、①公正証書又は公証人の認証を受けた書面若しくは電磁的記録（以下「公正証書等」という。）によってされる場合には、「公正証書等の作成」によって、②公正証書等以外の書面又は電磁的記録によってされる場合には、「受益者となるべき者として指定された第三者（当該第三者が二人以上ある場合にあっては、その一人）に対する確定日付のある証書による当該信託がされた旨及びその内容の通知」によって、はじめて信託の効力が発生する（4 条 3 項）。

c 信託財産に対する強制執行等の制限に関する特則

自己信託については、債権者詐害の目的で悪用されることが懸念されていたことから、現行法は、信託財産に対する強制執行について特則を定めた。

すなわち、自己信託以外の信託においては、信託財産責任負担債務にかか

---

[1] この意思表示の性質については、「相手方のある単独行為」に準ずるとする見解と「相手方のない単独行為」に準ずるとする見解が存在する。

る債権に基づく場合を除き、信託財産に属する財産に対しては、強制執行、仮差押え、仮処分若しくは担保権の実行若しくは競売（担保権の実行としてのものを除く。）又は国税滞納処分（その例による処分を含む。以下、これらを総称して「強制執行等」という。）をすることができず、委託者の債権者は、原則として、信託財産に対して強制執行等をすることができないとされている。そのため、委託者の債権者は、11条1項に基づき、詐害信託の取消訴訟を提起し、信託財産として拠出された財産を委託者の責任財産に復帰させることが必要となる。

　しかし、自己信託については、上記のとおり、債権者詐害の目的で悪用されるという懸念があったことから、債権者に詐害信託の取消訴訟を提起する負担を負わせることは必ずしも適当ではない。

　そこで、自己信託については、例外的に、自己信託の時から2年間に限り、委託者がその債権者を害することを知ってその信託をしたときであって、受益者のすべてがそのことを知っていた場合又は受益者が存在しない場合には、委託者に対する債権者（自己信託の設定前に生じた債権に限る。）は、信託財産に属する財産に対し、強制執行等をすることができる（23条2項・4項）。なお、ここでいう受益者のすべてがそのことを知っていた（悪意）か否かについては、受益者としての指定を受けたことを知った時又は受益権を譲り受けた時を基準に判断されることになる。

d 受益者の定めのない信託の設定の制限

　受益者の定めのない信託においては、受益者が有する受託者に対する監督権限を委託者に付与することによって、受託者による信託事務の処理が適正にされることを確保しようとしているところ、自己信託においては、委託者と受託者が同一人であることから、このような措置を講じることができない。

　そのため、自己信託においては、受益者の定めのない信託をすることはできない（258条1項）。

e　会社法の適用

委託者兼受託者である法人の社員や株主の利益を保護する観点から、自己信託については、法人の事業の譲渡に関する会社法その他の法律の規定が適用される（266条2項）。

そのため、例えば、ある株式会社が事業資産を自己信託した場合において、自己信託の対象が「事業の全部又は重要な一部」に該当する場合には、株主総会の特別決議が必要になる（会社法467条・309条2項11号）。

3　自己信託の活用

a　資産流動化による資金調達のための利用

リース債権やクレジット債権について、自己信託を設定し、受益権を投資家に売却することを通じて、その資産の流動化を図り、資金調達を図ることが考えられる。

自己信託を利用した場合には、信託銀行等の第三者を受託者とする場合と比べ、①債務者の債権譲渡に伴う抵抗感を払拭し、債権譲渡に伴う各種手続を省略することができるほか[2]、②第三者である受託者が介在しないことにより、簡易かつ迅速に設定することができ、費用の節減を図ることができるなどといったメリットがあるとされている。

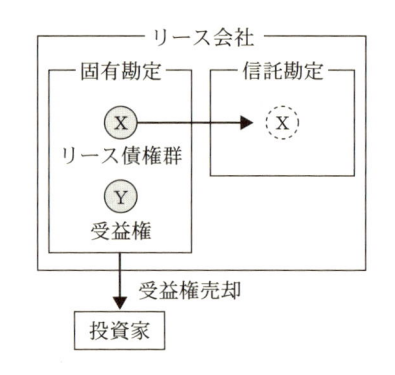

もっとも、自己信託による資産流動化取引においては、委託者兼受託者に

---

[2] 自己信託の設定については、民法467条が定める対抗要件を具備することは要しないと解されている（井上聡編著『新しい信託30講』194頁（弘文堂・2007年））。

よる分別管理体制を適切に構築することができるか、委託者兼受託者に信用不安が生じた場合への対応策をどのように構築し、スキームの安定性を実現するかという点が課題となろう。

b 譲渡禁止特約付債権の資産流動化による資金調達のための利用

売掛債権や請負工事債権などの譲渡禁止特約付債権について、自己信託を利用することで流動化を実現し、資金調達を行うことが考えられる。

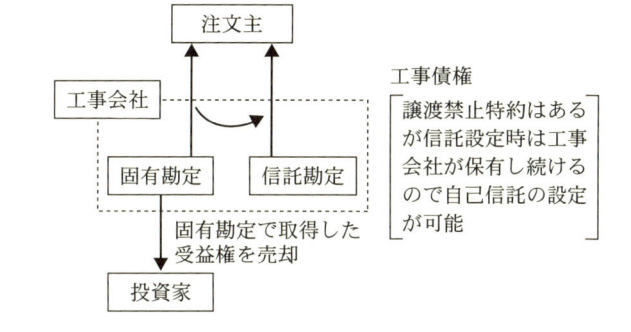

この点については、自己信託の設定が法形式論的に「譲渡」に該当するのか、譲渡禁止特約の趣旨に反しないか、22条に基づく相殺の制限との関係で債務者の相殺に対する期待権を一方的に制限していないか等様々な論点が存在する。

譲渡禁止特約付債権の自己信託については、実務上、譲渡禁止特約が認められた趣旨等から、その意味を柔軟に捉えるなどの工夫をするなどして譲渡禁止特約付債権の自己信託も行われているといわれている[3,4]。

c コミングリングリスクを軽減するための利用

いわゆるコミングリングリスクを軽減するために自己信託を利用することも考えられる。

すなわち、信託を用いた債権の流動化においては、信託譲渡を行った後も

---

[3] なお、譲渡禁止特約付債権の自己信託が有効であるとしても、例えば、信託終了時に信託財産である譲渡禁止特約付債権を受益者に対して原状有姿交付をすることは、譲渡禁止特約に抵触するおそれがあるなど検討すべき課題は少なくない。
[4] 髙橋淳「譲渡禁止特約付債権の自己信託による流動化」金融法務事情1879号14頁以下参照。

引き続き委託者（オリジネーター）が受託者から債権回収事務の委任を受け、サービサーとして回収事務を行うことが少なくない。この場合、サービサーであるオリジネーターが回収金を管理している時点でオリジネーターについて倒産手続が開始されると、受託者のオリジネーターに対する回収金支払請求権が倒産手続に取り込まれ、その手続内においてしか弁済を受けられなくなってしまう。そこで、このようなコミングリングリスクを軽減するために、回収金口座等に自己信託を利用することが考えられる[5]。

4　信託業法の適用

　自己信託の場合には、原則として50人以上の者が受益権を取得することができる場合[6]には、委託者兼受託者は内閣総理大臣の登録を受ける必要がある（信託業法50条の2）。

　もっとも、「受益者の保護のため支障を生ずることがないと認められる場合」には、登録を受ける必要がないとされ（信託業法50条の2）、例えば、①住宅金融支援機構等が主務官庁の許認可を得て自己信託をする場合、②サービサーが債権回収等の業務において管理する金銭等を自己信託する場合、③弁護士がその業務に付随して管理する金銭等を自己信託する場合などが受益者の保護のため支障を生ずることがないと認められている（信託業法施行令15条の3）。

　そして、自己信託の登録をした者は、信託会社とみなされ、委託者に対する説明義務や書面交付義務（信託業法25条・26条）等の規定を除き、原則として信託会社に準じた規制に服することになる（信託業法50条の2第12項）。

〔清水　将博〕

---

[5] 金融法委員会「サービサー・リスクの回避策としての自己信託活用の可能性」金融法務事情1843号24頁以下参照。http://www.flb.gr.jp/jdoc/publication28-j.pdf
[6] なお、どのような場合に「50人以上」となるかどうかについては、様々なケースが想定されているところであり、その詳細については、信託業法施行令15条の2第2項を参照されたい。

2 事業信託

* 関連条文　1条

> **現行法のポイント**
> ➤ 信託において事業を引き受けることが可能に。

1 趣　　旨

　現行法は、信託事務として信託において債務を引き受けることができることを明らかにし、信託において、事業を引き受け、これを運営することができることとしている。

　特に、信託は、契約により柔軟に設定することができ、また、委託者、受託者及び受益者からの倒産隔離を図ることができるなどの利点が指摘されてきた。

　そこで、これにより、事業収益を引当てとして資金調達を行うための投資スキームとして、事業収益が帰属するビークルとして信託を活用することなどが期待される。

2 内　　容

　信託において、信託事務として債務を引き受けることができるようになったことに伴い、事業を信託において引き受けることができるようになったといわれている。

　しかしながら、現在、信託業を営んでいるのが主として金融機関であり、銀行法の下、厳格な業規制に服していることや信託業法上の兼業規制などがネックとなり、その活用が進んでいないといわれている。

250　第 8 章　特殊な類型の信託

<事業の証券化のスキーム>

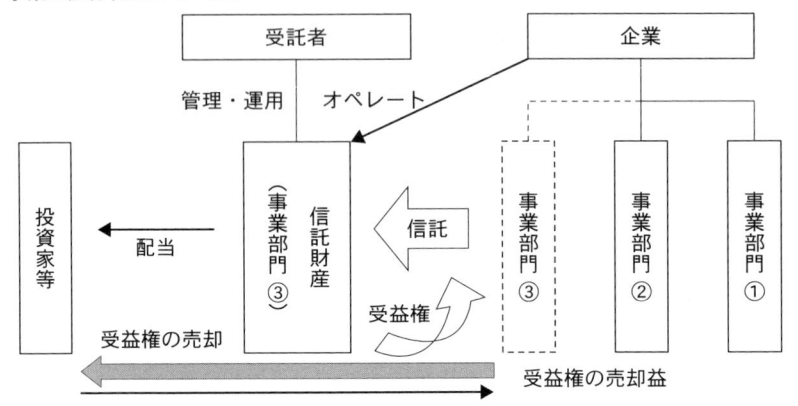

受託者 — 管理・運用／オペレート → 信託財産（事業部門③）
企業 — 事業部門①／事業部門②／事業部門③ → 信託 → 信託財産
信託財産 → 受益権 → 企業
信託財産 → 配当 → 投資家等
受益権の売却
受益権の売却益

<プロジェクトファイナンスのスキーム>

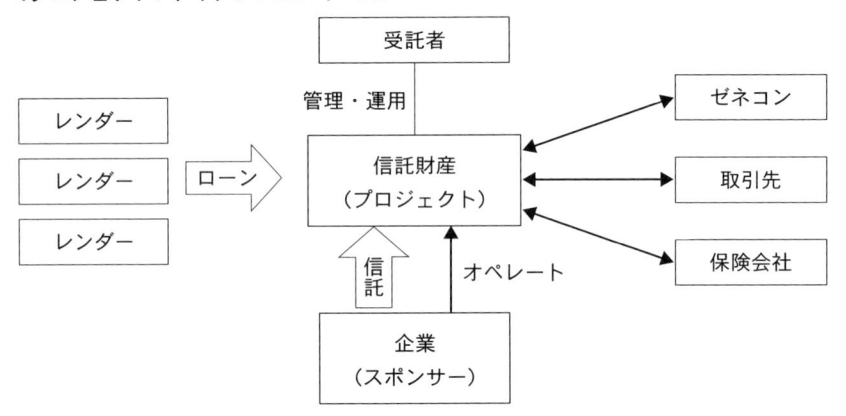

受託者 — 管理・運用 → 信託財産（プロジェクト）
レンダー／レンダー／レンダー — ローン → 信託財産
企業（スポンサー）— 信託／オペレート → 信託財産
信託財産 ↔ ゼネコン／取引先／保険会社

<自己信託と組み合わせた資金調達スキーム>

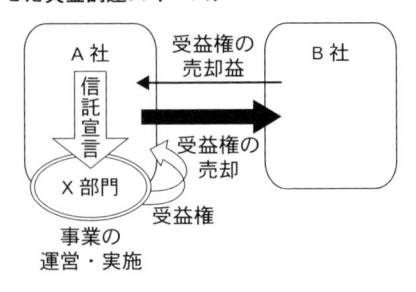

A 社 — 信託宣言 → X 部門（事業の運営・実施）
X 部門 → 受益権 → A 社
A 社 — 受益権の売却 → B 社
B 社 — 受益権の売却益 → A 社

一般に、信託には、事業の収益を「信託受益権」という権利に転換し、投資家が容易に投資することができるようになることに加え、事業の収益は受託者に帰属することとなっても、委託者、受託者及び受益者の責任財産からは独立することとなり、委託者等が破産をしても、いずれの破産財団にも属さないこととなり、その事業の収益について信託財産として独立性を確保することができる。

　また、信託は、契約により設定することができるため、会社を設立して同様の取引を行おうとする揚合に比べ、設計、運用が容易であり、その自由度が高いことから広く活用されることが期待されていた。

　事業信託を活用する例としては、事業の証券化のスキームやプロジェクトファイナンスのスキームにおいて、事業収益が帰属するビークルとして信託を活用することが想定されるほか、自己信託と組み合わせて活用することにより、自ら事業を継続しながら事業部門に信託を設定して資金調達をすることなどが考えられる。

〔武智　克典〕

3 セキュリティ・トラスト

* 関連条文　3条・55条

現行法のポイント

> 被担保債権とは別に担保権のみを信託財産とする信託（セキュリティ・トラスト）が可能に。

1 趣　旨

　旧法においては、債権者のために、債務者が担保権を設定して担保権のみを受託者が保有し、債権者が受益者となるセキュリティ・トラストについては、担保権者と債権者が異なることになるため、担保権の附従性から認められないのではないかとの考え方も有力であった。

　そこで、現行法は、信託の設定方法の中に「担保権の設定」があることを明らかにし、債権とは別に担保権のみを信託財産とすることによって、債権者以外の第三者に担保権を管理させることを目的とする信託（いわゆるセキュリティ・トラスト）の設定が可能であることを明確にしている。

　また、セキュリティ・トラストにおいて、被担保債権の債権者ではない受託者が担保権者として担保権実行の申立てを行うことや配当金等を受領することについては、民事執行法上債権者による権利行使しか想定されていないため、その可否について疑義が生じ得ることから、法55条は、セキュリティ・トラストにおける受託者か、担保権実行の申立てや配当金等の受領をすることが可能であることを明らかにしている。

2 内　容

a　セキュリティ・トラストの基本構造

セキュリティ・トラストでは、被担保債権や担保権の対象となる財産は信託されず、抵当権や質権等の担保権のみが受託者に帰属する。受託者は、担保権者として自ら担保権を実行することができ、担保権実行による配当金等は受託者が受領することになる（55条）。

また、被担保債権の債権者は、信託後も債権者として被担保債権の債務者に対して権利を行使できるが、同時に、受益者として受託者による担保権実行により得られた配当金等の交付を受けることができる地位を有する。

＜図　セキュリティ・トラストの仕組み＞

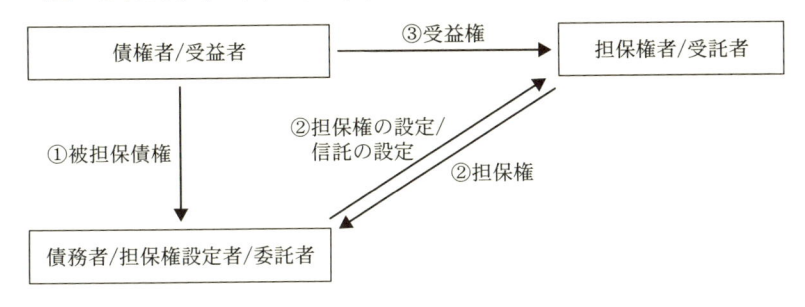

```
┌─────────────────┐   ③受益権    ┌─────────────────┐
│  債権者/受益者  │ ───────────→ │ 担保権者/受託者 │
└─────────────────┘               └─────────────────┘
         │                    ②担保権の設定/      ↑
         │                     信託の設定         │
  ①被担保債権                           ②担保権
         │                                       │
         ↓                                       │
┌──────────────────────────────────┐
│   債務者/担保権設定者/委託者     │
└──────────────────────────────────┘
```

b　セキュリティ・トラストのメリット

セキュリティ・トラストのメリットとして、主に2つのメリットが挙げられることが多い。一つは、同一債務者に対して多数の債権者が協調融資をするような場面（シンジケート・ローン等）において、受託者により担保権が一元的に管理され、担保実行時における債権者間の権利関係の調整が容易であることである。また、もう一つは、被担保債権の移転によっても担保権の帰属が変動しないことになるため、被担保債権の譲渡がなされた場合に担保権の変動に伴うコストが削減できることである。

まず、シンジケート・ローンにおいては、一般に、各債権者がそれぞれ担保権を有する場合に、一部の債権者による担保権実行によって他の債権者が不利益を被ることを防止する必要がある。そこで、セキュリティ・トラストを利用することにより、担保権を受託者のみに管理させ、このような一部の債権者による抜け駆け的な担保権の実行を防止することができると考えられる。また、担保権の実行による配当金等は受託者が受領し、これを受託者から受益者たる各債権者に分配することになるため、債権者間の権利関係を柔軟に定めることが可能と考えられる[1]。

また、セキュリティ・トラストを利用しない担保権の設定においては、被担保債権が譲渡された場合に担保権も随伴して移転することになり、債権譲渡の対抗要件を具備するだけでなく担保権の移転についても対抗要件を具備する必要が生ずることも少なくない。他方、セキュリティ・トラストを用いる場合には、被担保債権の債権者と担保権者が別になるため、被担保債権の譲渡によっても担保権は移転せず、担保権の移転に係る対抗要件具備の手続が不要となり、そのコストが軽減されることになる。

c　セキュリティ・トラストの設定方法

セキュリティ・トラストの設定方法は、①委託者である債権者と受託者との合意によって、既に債権者と担保権設定者の間で設定されている担保権を受託者に信託譲渡する方法（二段階設定方式）と、②担保権設定者と受託者との合意によって、委託者たる担保権設定者が受託者に対して担保権を設定する方法（いわゆる直接設定方式[2]）とが考えられる[3]。

二段階設定方式をとる場合には、委託者たる債権者が受益者となる自益信

---

[1] 担保権実行における配当金等について、債権者間で優劣関係を設定することも考えられるが、後述のとおり議論がある。
[2] 直接設定方式、二段階設定方式という呼称は、金融法委員会「セキュリティ・トラスティの有効性に関する論点整理」（平成17年1月14日）で使われ、その後の論文においてもこれを引用するものが多いため、本書においても同様に表現している。
[3] 法3条1号及び2号において「担保権の設定」とあるのは、直接設定方式ということになる。また、寺本昌広『逐条解説　新しい信託法〔補訂版〕』35頁（注9）（商事法務・2008年））では、セキュリティ・トラストという場合は、一般に直接設定方式を指すとされている。

託と整理されることになる。かかる設定方法をとる場合には、担保権の譲渡に適用される制限に服し、担保権設定契約における特約を移転するためには根抵当権設定者の承諾を要することに留意を要する。

　直接設定方式をとる場合には、債権者が受益者となる他益信託と整理されることになる。この設定方法による場合には、債権者が当事者とならずに信託を設定することが可能とも考えられるが、事実上、担保権の内容に利害関係を有する債権者を含めて担保設定契約（信託契約）を締結することになると考えられる。更に、直接設定方式において、常に債権者の同意を要するか否かは争いがある。他益信託の設定において、受益者の同意は当然には要求されないが、被担保債権の弁済の効力の発生時期をどのように整理するかなど、受益者の同意を得ておいた方が望ましいことも少なくないと考えられる[4]。

d　対抗要件

　セキュリティ・トラストにおける対抗要件について、他の信託と特別異なる点はない。担保権の設定（直接設定方式。二段階設定方式では担保権の移転も）を第三者に対抗するために民法等の定めに従って対抗要件を具備する必要がある他、登記又は登録が対抗要件となる担保権を信託する場合には、信託の登記又は登録を具備することが必要となる（14条）。

　なお、セキュリティ・トラストにより抵当権を設定する場合、当該抵当権が信託財産に属することを第三者に対抗するには信託の登記を具備することを要するが、受益者の氏名又は名称及び住所を登記した場合には、被担保債権が譲渡されるたびに信託の登記を変更することになる。したがって、被担保債権の譲渡がなされた場合に担保権の変動に伴うコストが削減できるとい

---

[4] 直接設定方式については、常に債権者の同意を要するとする見解は、後述のとおり議論となるセキュリティ・トラストにおける被担保債権の消滅時期について、受託者による配当金等の受領時点で被担保債権が消滅すると解釈した上で、債権者の同意なくセキュリティ・トラストを設定できるとした場合に担保権の設定及び実行並びに被担保債権の消滅を債権者が認識しない事態が生じ得ることを問題点として挙げている（井上聡編著『新しい信託30講』158頁（弘文堂・2007年））。他方、セキュリティ・トラストの成立についても、原則として債権者の意思表示が不要であり、被担保債権の消滅時期を受益者たる債権者が受託者からの支払を受けた時点と解する見解もある（山田誠一「第4章　セキュリティ・トラストの実体法上の問題」金融法研究会報告書（14）「担保法制をめぐる諸問題」44頁、寺本昌広『逐条解説　新しい信託法〔補訂版〕』191頁）。

うセキュリティ・トラストのメリットを活用するためには、受益者の氏名又は名称及び住所を登記する方法ではなく、受益者を定める方法等を登記する方法（不動産登記法 97 条 2 項）により登記する必要がある。

e　担保権の実行

（a）被担保債権の消滅時期

民事執行法においては担保実行の申立て及び配当金等の受領が債権者によることを想定した規定がおかれているが[5]、法 55 条は、セキュリティ・トラストにおいて、担保権実行の申立て及び配当金等の受領を受託者ができることを規定している。

担保権実行により受託者が配当金等を受領した場合、受託者は、信託行為に従い、受益者たる債権者に対して支払を実施することになる。

セキュリティ・トラストにおいては、担保権実行による配当の時期と、債権者が実際に金員を受領する時期とが異なるため、被担保債権の消滅時期が①受託者が配当金等を受領した時であるか、②受託者から債権者たる受益者が支払を受領した時であるか、考えが分かれ得る。

また、被担保債権の消滅時期については、直接設定方式によるセキュリティ・トラストの設定に常に債権者の同意を要するか否かという点とも関連して議論されている。債権者の同意なくセキュリティ・トラストが設定可能と解する場合、被担保債権の消滅時期を受託者による配当金等の受領時点と解すると、担保権の設定及び実行並びに被担保債権の消滅を債権者が認識できない事態が生じるところ、①受託者が配当金等を受領したときに被担保債権が消滅すると考える見解からは、セキュリティ・トラストの設定に債権者の同意を要求すべきであると主張され[6]、②受託者から債権者たる受益者が支払を受領したときに被担保債権が消滅すると考える見解は、セキュリ

---

[5] 民事執行法 180 条・87 条 1 項柱書等
[6] 井上聡編著『新しい信託 30 講』158 頁、165 頁。
[7] 山田誠一「第 4 章　セキュリティ・トラストの実体法上の問題」金融法研究会報告書 (14)「担保法制をめぐる諸問題」44 頁、寺本昌広『逐条解説　新しい信託法〔補訂版〕』191 頁、新井誠監修『コンメンタール信託法』694 頁（ぎょうせい・2008 年）。

ティ・トラストの設定に債権者の同意を不要とする[7]。

　受託者が配当金等を受領したときに被担保債権が消滅すると考える見解は、配当時に被担保債権が消滅するというセキュリティ・トラスト以外の担保権実行の競売実務になじみやすいが、明文の規定がない債権者の同意を要求することの妥当性に疑義が残る。他方、債権者たる受益者が受託者から支払を受領したときに被担保債権が消滅すると考える見解は、他益信託において受益者の同意を要求しない信託法の規定になじむ解釈であるが、担保権実行によっても被担保債権が消滅しないとすることは、現在の競売実務になじまず、かつ担保権設定者である債務者にとって不都合が生じるため、被担保債権が存続しながら債務者に対して被担保債権が行使できないことを説明する根拠が必要と考えられる。

(b) 優先劣後構造

　セキュリティ・トラストにおいて、受益者たる債権者が複数ある場合において、担保権実行により受託者が受領した配当金等が被担保債権の総額に不足するときに、各債権者間において優劣を設け、優先する債権者の被担保債権から順に充当するような優先劣後構造をもつ仕組みをとることができるかどうか問題となる。

　この問題は、前記被担保債権の消滅時期の整理とも関連すると考えられる。債権者が受託者から支払を受けたときに被担保債権が消滅すると考える見解を前提とすると、被担保債権の消滅の範囲は、受託者から債権者に支払われた範囲と考えることになるであろうから、信託行為において受託者から各債権者に対して支払われる順序に優劣を設ける方法によって各債権者間に優先劣後構造をもつセキュリティ・トラストを実現できる。しかし、受託者が配当金等を受領したときに被担保債権が消滅するとの見解を前提とした場合には、民事執行法上の配当手続における被担保債権への充当について、各債権者間での優先劣後の合意をすることが有効であることが必要であろう。

　この点、債務者複数の根抵当権の競売手続における配当金が被担保債権に応じて按分した上、各按分額が各債務者に対する被担保債権に充当されるとした判例がある（最二小判平成9・1・20民集51巻1号1頁）。また、複数の被担保債権を担保する根抵当権競売手続における配当金が同一担保権者の有する

数個の被担保債権のすべてを消滅させるに足りない場合には、弁済充当の指定に関する特約があっても民法の法定充当の定めに従って各債権に充当されるとした判例がある（最二小判昭和62・12・18民集41巻8号1592頁）。これらの判例は、担保権実行時の配当金の債権への充当方法について、法定の方法のみを認めて当事者の合意による充当を認めないものである。このように判例を前提とすると、セキュリティ・トラストにおいて受託者が配当金等を受領したときに被担保債権が消滅すると解される場合、セキュリティ・トラストにおける配当金等の被担保債権の充当は、当事者の合意にかかわらず、被担保債権額に応じて按分されることになると考えられる。

（c） 担保権に係る手続上の問題

① 民事執行手続上の地位・権限

セキュリティ・トラストの担保権の対象となる財産に対し、一般債権者による強制執行手続が実施された場合、担保権を有する「債権者」は、開始決定の通知等の受領及び債権届出（民事執行法49条2項2号・50条）、配当期日への呼出しの受領及び出頭（同法85条3項・4項）、配当表への記載（同法85条1項）、配当への異議（同法89条・90条）及び配当金等の受領（同法87条）等、当該強制執行手続に関与する地位・権限を有することになる。また、当該財産に対する他の担保権者による担保権実行手続が実施された場合にも同様である。

ここで、民事執行法の各規定が「債権者」と規定しているため、セキュリティ・トラストの場合に、手続に関与する地位・権限を有する者が誰か、担保権者であるが債権者ではない受託者がかかる地位・権限を有するかが問題となる。最終的な満足を受けるものが債権者であることから、受託者ではなく債権者たる受益者にかかる地位・権限が認められるとの考え方も成り立ち得るが、担保権を一括管理するセキュリティ・トラストの目的からは、受託者にこれらの地位・権限が認められるべきであり、信託法55条がその解釈の根拠の一つとなり得るであろう[8]。

---

[8] 青山善充「第5章 セキュリティ・トラストの民事手続法上の問題」金融法研究会報告書（14）「担保法制をめぐる諸問題」47頁、藤原彰吾「セキュリティ・トラスト活用に向けての法的課題（下）」金融法務事情1796号42頁。

② 倒産手続上の地位・権限

担保権設定者が倒産した場合には、担保権を有する者は別除権者（破産法65条、民事再生法53条）又は更生担保権者（会社更生法2条10項・11項）として関与することになるが、セキュリティ・トラストにおいて、受託者及び債権者がどのような地位・権限を有するかが問題となる。

（ⅰ）破産手続、再生手続

破産手続及び再生手続では、担保権者は別除権者として破産手続又は再生手続によらずに別除権を行使することができるため（破産法65条、民事再生法53条）、破産手続外のセキュリティ・トラストの担保権実行については、債務者に倒産手続が開始されていない場合と同じであると考えられる。

また、破産管財人により担保目的物の換価がなされた場合の優先弁済権の主張（破産法184条1項）、担保権消滅請求に対する対応（破産法186条以下、民事再生法164条以下）等の担保権者固有の地位・権限については、破産手続及び再生手続においても、セキュリティ・トラストの受託者に認められるべきであろう。

しかし、担保権実行によって被担保債権が弁済されない場合の破産債権者又は再生債権者としての破産手続及び民事再生手続（破産法108条等、民事再生法88条等）への参加（法55条等）を根拠として、受託者の参加が認められるべきであるとの見解もあるが[9]、別除権によって保全されない一般債権としての再生債権・破産債権の債権行使の場面であることにかんがみると、受託者が担保権者として関与するのはやや無理があるように思われる[10]。

（ⅱ）更生手続

更生手続では、受託者は、更生担保権者として、担保権実行の中止命令の申立てに対する対応等（会社更生法24条6項・50条8項）や担保権消滅請求へ

---

[9] 青山善充「第5章 セキュリティ・トラストの民事手続法上の問題」金融法研究会報告書（14）「担保法制をめぐる諸問題」54頁。
[10] 破産手続及び民事再生手続に関与する地位・権限（破産法108条等、民事再生法88条等）が受託者に認められるとの見解に対して「議論の余地があろう」とする見解として井上聡編著『新しい信託30講』170頁、「若干の違和感を覚える」とするものとして、藤原彰吾「セキュリティ・トラスト活用に向けての法的課題（下）」金融法務事情1796号44頁。

の対応(会社更生法104条以下)の他、更生手続への届出等による関与(会社更生法117条6項等)や更生計画案の同意等(会社更生法196条5項2号)によって更生手続に関与することになる。

　この点、更生手続においても、更生等の担保権固有の手続とその他の手続を区別して検討することも考えられるが、更生手続では担保権も権利変更の対象となることから、破産手続や再生手続と同様には論じられないと考えられる。また、更生担保権とは、担保権そのものではなく担保される「被担保債権」のことを意味し、「債権者」が更生担保権者であることからすると(会社更生法2条10項・11項)、更生手続においては、受益者と受託者とがどのように手続に関与すべきかについては論ずべき問題が多い[11]。

〔正田　真仁〕

---

[11] なお、青山善充「第5章　セキュリティ・トラストの民事手続法上の問題」金融法研究会報告書(14)「担保法制をめぐる諸問題」55頁は、更生手続における更生担保権者の地位・権限についても受託者が関与すべきであると解し、特に更生計画案への意見表明については、受託者が受益者たる債権者の意見を聞き、議決権の不統一行使を行うとの見解を示している。これに対し、藤原彰吾「セキュリティ・トラスト活用に向けての法的課題(下)」金融法務事情1796号45頁では、「個々の受益者においてセキュリティ・トラストの被担保債権ではないプロパー債権も同時に存在する場合等に、実務上の取扱いが複雑になる」のではないかとの懸念を示している。

4 受益証券発行信託

* 関連条文　185条～215条・248条～257条

> **現行法のポイント**
> ➣ 受益権を有価証券とすることが可能に。

1　趣　旨

　旧法では、受益権を有価証券とする規定がないため、受益権を記名証券又は無記名証券に表章させることが可能であるか否かについて、解釈上疑義が生じていた。
　このような中で、受益権を有価証券とし、その流通性を高めるニーズに対応するため、現行法の制定以前にも、投資信託及び投資法人に関する法律により、受益権を有価証券とすることが認められていた。現行法は、これを更に進め、受益権一般について、受益権を有価証券とすることを認めるものである。

2　内　容

a　受益証券発行の要件

　受益証券を発行するためには、信託行為においてその旨を定めることを要する。また、この場合には、すべての受益権について発行することを要するものではなく、特定の内容の受益権については、受益証券を発行しない旨を定めることができる。例えば、受益権の内容として、優先的に給付を受けられる優先受益権とこれに劣後する劣後受益権を定めた場合に、優先受益権は

投資家に売却され、劣後受益権は委託者に保持されたままとすることがあるなどのニーズに応えたものである。

なお、事後的に受益証券発行信託になり、又はこれが変更された場合には、法律関係が著しく不安定となることから、信託行為の定めをもってしても、事後的な受益証券発行信託への変更又は受益証券発行信託の内容の変更をすることはできないとされている（185条3項）。

b 受益権原簿

（a）受益権原簿の記載事項

受益証券発行信託では、受益権の流通性が相当程度高まることが想定されるため、不特定多数の受益者との間の法律関係を円滑に処理することができるよう、受益権原簿の制度が設けられた。

受益証券発行信託における受託者は、遅滞なく、受益権原簿を作成し、以下に掲げる事項（以下「受益権原簿記載事項」という。）を記載し、又は記録しなければならない。

＜受益権原簿記載事項＞

1		各受益権の内容その他の受益権の内容を特定するためのもの
	(1)	各受益権に基づく受益債権の給付の内容、弁済期（弁済期の定めがないときは、その旨）その他の受益債権の内容
	(2)	受益権について譲渡の制限があるときは、その旨及びその内容
	(3)	受益債権の内容が同一である複数の受益権がある場合において、それらの受益権について、受益者として有する権利の行使に関して内容の異なる定めがあるときは、その定めの要旨
2		それぞれの受益権についての受益証券の番号、発行の日、受益証券が記名式か又は無記名式かの別及び無記名式の受益証券の数
3		受益者（無記名式受益権の受益者を除く。）の氏名又は名称及び住所
4		受益者が受益権を取得した日
5		その他
	(1)	委託者の氏名又は名称及び住所（委託者が現に存在しないときは、その旨）
	(2)	受託者の氏名又は名称及び住所

	(3)	信託監督人が定められているときは次の各事項
		イ　信託監督人の氏名又は名称及び住所
		ロ　信託監督人の権限に関して特段の定めがあるとき（132条1項ただし書又は2項ただし書の定めがあるとき）は、その定めの内容
	(4)	受益者代理人があるときは次の各事項
		イ　受益者代理人の氏名又は名称及び住所
		ロ　受益者代理人の権限に関して特段の定めがあるとき（139条1項ただし書又は3項ただし書の定めがあるとき）は、その定めの内容
	(5)	特定の受益権については受益権証券を発行しない旨（185条2項）の定めがあるときは、その定めの内容
	(6)	188条に規定する受益権原簿管理人を定めたときは、その氏名又は名称及び住所
	(7)	限定責任信託であるときは、その名称及び事務処理地
	(8)	前各号に掲げるもののほか、受益証券発行信託の信託の条項

（b）受益者原簿の備置き及び閲覧等

　受益証券発行信託の受託者は、受益権原簿をその住所に備え置かなければならず（190条1項）、委託者、受益者その他の利害関係人は、一定の例外を除き、受益証券発行信託の受託者に対し、以下に掲げる請求をすることができる。

① 受益権原簿が書面をもって作成されているときは、その書面の閲覧又は謄写の請求
② 受益権原簿が電磁的方法をもって作成されているときは、その電磁的記録に記載された事項を紙面又は映像面に表示する方法により表示したものの閲覧又は謄写の請求

　しかしながら、各受益権についての受益者の氏名等及び受益権取得日の閲覧等請求については、信託行為に別段の定めがあるときは、その定めによることとなる（ただし、受益証券を発行しない旨の定めのある受益権については、これらを閲覧請求の対象外とする信託行為の定めを置くことはできない。）（190条4項）。

（c）受益者原簿の効力

　受益証券発行信託における受益者原簿には、以下のような効力が認められ

る（なお、受益権原簿は、電磁的記録によって作成することもでき、この場合には、受益権原簿には記載ではなく記録されることになるが、以下では、便宜上、書面を前提に「記載」として説明するものとする。）。

① 受益証券発行信託において、（ⅰ）受益証券の発行されない受益権を有する受益者は、当該受益者についての受益者原簿に記載された受益権原簿記載事項を記載した書面等の提供を、（ⅱ）受益権原簿に法定の事項を記載した質権者は、記載された事項を記載した書面の提供を請求することができる（187条・202条）。

② 受益証券発行信託における受託者は、基準日において受益権原簿に記載されている受益者をその権利行使することができる者と定めることができる（189条）。

③ 受益証券発行信託における受託者は、受益者に対してする通知又は催告につき、受益権原簿に記載した受益者の住所に宛てて発すれば足りるものとされる（191条）。

④ 受益証券発行信託における受益権の譲渡は、その受益権を取得した者の氏名等を受益権原簿に記載等しなければ、受益証券発行信託における受託者に対抗できない（195条）。

⑤ 受益証券発行信託における受益権の質入れは、その質権者の氏名等を受益権原簿に記載しなければ、受益証券発行信託における受託者に対抗できない（200条）。

なお、受益証券発行信託の受託者は、受益権原簿管理人（受益証券発行信託の受託者に代わって受益権原簿の作成及び備置きその他の受益権原簿に関する事務を行う者をいう。）を定め、その事務を委託することができる（188条）。

c 受益権の譲渡等

(a) 受益権の譲渡

受益証券の発行された受益証券発行信託の受益権の譲渡及び質入れは、受益証券の交付が効力発生要件とされている（194条・199条）。これに対し、受益証券を発行しない旨の定めのある受益権の譲渡及び質入れについては、受益証券の交付を要せず、当事者間の合意のみによって行うことができる。

そして、無記名式受益権を除き、受益権を取得した者の氏名又は名称及び住所を受益権原簿に記載し、又は記録することによって、受益証券発行信託の受益権の譲渡を受託者に対抗できることとなる（195条）。

また、受益証券の発行された受益証券発行信託の受益権の譲渡が行われた場合には、受益権の取得者が名義書換え等の請求をすることができる（198条）。ただし、次に掲げる場合には、受益者から請求によらずに、受託者が自らが受益権原簿記載事項について名義書換え等をすることとなる（197条）。

① 受託者が受益権を取得した場合において、当該受益権が消滅しなかったとき
② 上記①に係る受益権を処分した場合

なお、受益証券の占有者は、当該受益証券に係る受益権を適法に有するものと推定され（資格授与的効力）、善意・無重過失である限り、無権利者からの取得であっても取得の効力を認めるとする善意取得の制度も定められている（196条）。

（b）受益権の質入れ

受益証券の発行された受益証券発行信託の受益権の質入れについて、次のような特則が定められている。

① 質権者は、継続して対象となる受益権についての受益証券を占有しなければ（受益証券を発行しない受益権については、質権者の氏名又は名称及び住所を受益権原簿に記載し、又は記録しなければ）、その質権を受託者その他の第三者に対抗することができない（200条）。
② 質権者は、受託者に対し、以下の事項を受益権原簿に記載し、又は記録することを請求することができる（201条）。
　（ⅰ）質権者の氏名又は名称及び住所
　（ⅱ）質権の目的である受益権
③ 登録受益権質権者（前②に掲げる各事項が受益権原簿に記載され、又は記録された質権者をいう。以下、同じ。）は、受託者に対し、受益権原簿に記載され若しくは記録された前②に掲げる各事項を記載した書面の交付又はそれらの事項を記録した電磁的記録の提供を請求することができる（202条）。

④ 受託者は、登録受益権質権者に対してする通知又は催告につき、受益権原簿に記載等した質権者の住所に宛てて発すれば足りるものとする (203条)。

⑤ 受託者は、受益権の併合又は分割がなされた場合において、登録受益権質権者がいるときは、その質権者の氏名又は名称及び住所を受益権原簿に記載し、又は記録し (204条)、また併合又は分割により新たに発行された受益証券を登録受益権質権者に引き渡さなければならない (205条)。

d 受 益 証 券

(a) 発　　行

受益証券発行信託の受託者は、信託行為の定めに従い、遅滞なく、受益証券を発行しなければならない (207条)。

受益証券発行信託の受益権の譲渡又は質入れは、受益証券の交付によってなされることから、譲渡又は質入れ行為に支障を生ずることのないよう、遅滞なく発行しなければならない。

(b) 受益証券不所持の申出

受益証券発行信託の受益者は、信託行為に別段の定めがある場合には当該定めによるほか、受託者に対し、受益証券の所持を希望しない旨を申し出ることができる。

この場合、受益者は、その受益証券を受託者に提出しなければならず、受託者は、遅滞なく、不発行の旨を受益権原簿に記載し、又は記録しなければならない。当該記載又は記録されたときは、受託者は、当該受益権に係る受益証券を発行することができない。

不発行の申出をした受益者は、いつでも、受託者に対し、受益証券を発行することを請求することができる。この場合、不発行とする際に受益者から受託者に提出された受益証券があるときは、その発行に要する費用を受益者が負担しなければならない (208条)。

(c) 受益証券の記載事項

受益証券の記載事項は、以下のとおりである (209条)。

1		受益証券発行信託の受益証券である旨
2		当初の委託者及び受益証券発行信託の受託者の氏名又は名称及び住所
3		記名式の受益証券にあっては、受益者の氏名又は名称
4		各受益権における受益債権の内容その他の受益権の内容を特定するためのもの
	(1)	各受益権に基づく受益債権の給付の内容、弁済期（弁済期の定めがないときは、その旨）その他の受益債権の内容
	(2)	受益権について譲渡の制限があるときは、その旨及びその内容
	(3)	受益債権の内容が同一である複数の受益権がある場合において、それらの受益権について、受益者として有する権利の行使に関して内容の異なる定めがあるときは、その定めの要旨
5		受託者に対する費用等の償還及び損害の賠償に関する信託行為の定め
6		信託報酬の計算方法並びにその支払の方法及び時期
7		記名式の受益証券をもって表示される受益権について譲渡の制限があるときは、その旨及びその内容
8		受益者の権利の行使に関する信託行為の定め（信託監督人及び受益者代理人に係る事項を含む。）
9		限定責任信託の名称及び事務処理地

(d) その他

(i) 記名・無記名の変更

受益証券が発行されている受益権の受益者は、いつでも、記名式のものを無記名とし、無記名のものを記名式とすることを請求することができる。ただし、信託行為に別段の定めがあるときは、その定めによる（210条）。

(ii) 喪失時の再発行手続

受益証券を喪失した場合の再発行手続が規定されている（211条）。具体的な手続の概要は、以下のとおりである。

```
           公示催告の申立て
                ↓
        公示催告手続開始等の決定及び公告
                ↓ 2か月以上の期間
              除権決定
  (当該公示催告の申立てに係る権利につき失権の効力を生ずる旨の裁判)
                ↓
              再発行請求
```

e 関係当事者の権利義務等の特例

（a）受託者の義務の特則

信託法では、原則として、受託者の善管注意義務及び信託行為において指名された第三者等に委託した場合における受託者の義務につき、信託行為の定めにより軽減することができるとされているが（29条2項ただし書及び35条4項）、受益証券発行信託では、これら義務の軽減をすることはできない（212条）。

受益証券発行信託は、受益権が有価証券化され、一般投資家が受益者となることが想定されるため、その受益者の利益の保護を図ることとしている。

（b）受益者の権利行使の方法の特例

通常の信託では信託行為により、制限できないとされる受益者固有の権利につき、受益権発行信託では、受益者が不特定多数であることにかんがみ、その権利行使の方法に一定の制限が加えられている。

受益者の権利	権利行使の方法
・受託者等の権限違反に関する取消権（27条1項又は2項（75条4項において準用する場合を含む。）） ・受託者の利益相反行為に関する取消権（31条6項又は7項） ・帳簿、信託事務の処理に関する書類又は信託財産の状況に関する書類の閲覧等請求権（38条1項） ・検査役の選任の申立権（46条1項）	総受益者の議決権の100分の3（これを下回る割合を信託行為において定めた場合にあっては、その割合。以下、同じ。）以上の割合の受益権を有する受益者又は現に存する受益権の総数の100分の3以上の数の受益権を有する受益者に限り当該権利を行使することができる旨の信託行為の定めを設けることができる。
・信託の変更を命ずる裁判の申立権（150条1項） ・特別の事情による信託の終了を命ずる裁判の申立権（165条1項）	総受益者の議決権の10分の1（これを下回る割合を信託行為において定めた場合にあっては、その割合。以下、同じ。）以上の割合の受益権を有する受益者又は現に存する受益権の総数の10分の1以上の数の受益権を有する受益者に限り当該権利を行使することができる旨の信託行為の定めを設けることができる。

・差止請求権（44条）	6か月（これを下回る期間を信託行為において定めた場合にあっては、その期間）前から引き続き受益権を有する受益者に限り、左の規定に掲げる権利の行使をすることができる旨の信託行為の定めを設けることができる。

（c）委託者の権利の特例

受益証券発行信託においては、委託者の権利のうち次に掲げる権利は、受益者が行使することとされている。

① 信託事務の処理の状況についての報告請求権（36条）
② 受託者の解任の申立権（58条4項）、任務終了時における新受託者の選任申立権（62条4項）、信託財産管理命令の申立権（63条1項）、受託者の死亡により任務が終了した場合の信託財産法人管理人による管理命令の申立権（74条2項）、信託監督人の選任の申立権（131条4項）、信託の変更を命ずる裁判の申立権（150条1項）、特別の事情による信託の終了を命ずる裁判の申立権（165条1項）、公益の確保のための信託の終了を命ずる裁判の申立権（166条1項）、信託財産に関する保全処分の申立権（169条1項）又は公益の確保のために信託の終了が命ぜられた場合の新受託者の選任の申立権（173条1項）
③ 任務終了時の新受託者に対して行う就任承諾に係る催告権（62条2項）、信託監督人に対して行う就任承諾に係る催告権（131条2項）又は受益者代理人に対して行う就任承諾に係る催告権（138条2項）
④ 保全処分に関する資料の閲覧、謄写若しくは交付又は複製の請求権（172条1項・2項又は3項後段）
⑤ 受益権原簿の閲覧又は謄写の請求権（190条2項）

f 無記名式受益証券に係る特則条項

記名式の受益証券と無記名の受益証券では、受益証券及び受益権原簿における記載事項が異なる（186条3号）ほか、以下のような相違がある。

	記名式受益証券	無記名の受益証券
基準日	基準日の定め可（189条1項）	基準日の定め不可（189条2項）
受託者の行う通知又は催告	受益権原簿に記載されている受益者に対して行う（191条1項）	知れている受益者に通知するとともに、官報に公告をする（191条5項）
対抗要件の具備方法	受益権原簿に記載又は記録（195条1項）	受益証券の占有（195条3項・196条）
権利行使方法	受益証券の呈示は不要	受益証券の呈示が必要（192条1項）
受益証券不所持の申出	不所持の申出が可能（208条1項）	不所持の申出は不可（208条7項）

g　受益者が2名以上となる場合の特則

　受益者が2名以上ある信託における意思決定について、現行法は、信託行為に別段の定めのない限り、受益者の全員一致によって決するものとしているところ（109条1項本文）、受益証券発行信託においては、受益証券発行信託では、受益者が多数存在し、また、受益権が転々譲渡されることから、受益者による意思決定が円滑に行われるよう、信託行為に別段の定めのない限り、受益者集会における多数決による旨の定めがあるものとみなすこととしている（214条）。

〔小室　太一〕

5 限定責任信託

* 関連条文　216条〜257条

> **現行法のポイント**
> ➤ 信託事務の処理として行った取引によって生じた債務について信託財産のみをもって責任財産とすることが可能に。

1　趣　旨

　信託においては、受託者は、信託事務の処理として行った取引によって生じた債務について、信託財産のみならず、固有財産によっても責任を負うのが原則である。旧法では、個別の債権について、信託財産のみをもって責任財産とする合意は有効であるとされていたものの、受託者が信託財産の限度でしか責任を負わない信託を設定することは認められていなかった。
　しかし、現行法は、信託より積極的な活用を可能にするため、信託財産責任負担債務について信託財産のみを責任財産とする限定責任信託を認めることとしている。

2　内　容

a　限定責任信託の要件

　限定責任信託を設定するためには、信託行為（信託契約等）においてそのすべての信託財産責任負担債務について信託財産に属する財産のみをもって受託者が履行の責任を負う旨の定めをし、所要の登記をすることを要する（216条1項）。

（a）信託行為の定め

信託行為（信託契約等）において、次の各事項を定めなければならない。

1	限定責任信託の目的
2	限定責任信託の名称
3	委託者及び受託者の氏名又は名称及び住所
4	限定責任信託の主たる信託事務の処理を行うべき場所（「事務処理所在地」）
5	信託財産に属する財産の管理又は処分の方法
6	信託事務年度

（b）登記事項

限定責任信託を設定するためには、次の各事項について登記をしなければならない。

1	限定責任信託の目的
2	限定責任信託の名称
3	受託者の氏名又は名称及び住所
4	限定責任信託の事務処理所在地
5	信託財産管理者又は信託財産法人管理人が選任されたときは、その氏名又は名称及び住所
6	信託の終了事由
7	会計監査人設置信託であるときは、その旨及び会計監査人の氏名又は名称

b　限定責任信託の効力

限定責任信託においては、信託財産責任負担債務（21条1項各号に記載される債務）に係る債権を有する者は、受託者が信託事務を処理するについてした不法行為によって生じた債権を有する者を除いて、受託者の固有財産に属する財産に対し強制執行、仮差押え、仮処分若しくは担保権の実行若しくは競売又は国税滞納処分をすることはできない（217条2項）。

もちろん、受託者がその任務に違反して信託財産に損失を与えたときは、受益者等は、受託者に対してその固有財産をもって損失てん補責任を履行するよう求めることができるのは限定責任信託であっても当然である。

3　限定責任信託の特則

　限定責任信託については、受託者が固有財産をもって信託財産責任負担債務の履行責任を負わないことにかんがみ、次のような特則が設けられている。

a　限定責任信託の名称規制等

（a）名称の使用制限

　限定責任信託に係る受託者と取引関係に入る第三者の予見可能性を確保すべく、限定責任信託には、その名称中に限定責任信託という文字を用いなければならず、また、何人も限定責任信託でないものについては、その名称又は商号中に限定責任信託であると誤認されるおそれのある文字を用いてはならない。

　また、何人も不正の目的をもって、他の限定責任信託であると誤認されるおそれのある名称又は商号を使用してはならず、この名称使用の制限に対する違反があった場合には、これに反する名称又は商号の使用によって事業に係る利益を侵害され、又は侵害されるおそれがある限定責任信託の受託者は、その利益を侵害する者又は侵害するおそれがある者に対し、その侵害の停止又は予防を請求することができる（218条）。

（b）取引の相手方に対する明示義務

　受託者は、限定責任信託の受託者として取引をするに当たっては、その旨を取引の相手方に示さなければならず、これを怠った場合には限定責任信託であることを理由に信託財産の限度でのみ責任を負うことを当該取引の相手方に対し主張できない（219条）。

（c）登記の効力

　限定責任信託の受託者と取引をした債権者等を保護するため、会社につい

ての商業登記に準じて、限定責任信託の登記についても次のような効力が認められている。

① 限定責任信託において登記されるべき事項の内容は、限定責任信託の登記の後でなければ、限定責任信託において登記されるべき事項の内容は、善意の第三者に対抗できず、その登記の後であれば正当な事由によってその登記があることを知らない者を除いてすべての第三者に対抗できる（220条）。

② 限定責任信託とする旨の信託行為の定めを廃止する旨の信託の変更がなされた場合であっても、信託終了の登記がなされてはじめて、その変更後の信託に限定責任信託としての効力は失われることになる（221条）。

b　受益者に対する給付制限

（a）制限内容

限定責任信託の責任財産である信託財産を保全するため、受益者に対する信託財産の給付は、一定の範囲に制限され、その給付可能な範囲は次の方法により計算される（225条、信託計算規則24条）。

信託財産に係る給付の日の属する信託事務年度の前信託事務年度の末日における純資産額－{100万円（信託行為により定められた留保金の額が100万円を超えるときは、その留保金の額）＋前信託事務年度末日後に給付をした信託財産の帳簿価格の総額の合計額}

（b）給付可能額を超えた給付をした場合の責任

受託者及び受給受益者は、受託者がその職務を行うことについて注意を怠らなかったことを証明しない限り、連帯して、給付額に相当する金銭のてん補又は支払義務を負うこととなる。ただし、この義務は、その給付をした日における給付可能額の限度で、総受益者の同意によって免除することができる（226条）。なお、善意の受益者については、求償に応ずる義務は負わないものの、信託債権者からの請求に対しては、善意悪意を問わず、支払義務を免れない（227条）。

（c）欠損が生じた場合の責任

受益者に対する給付をした日には給付可能額が存在するときであっても、

その後の信託事務処理によって欠損額が生じた場合には、受託者及び受給受益者は、受託者がその職務を行うことについて注意を怠らなかったことを証明しない限り、連帯して、その欠損額（欠損額が給付額を超える場合には給付額）に相当する金銭のてん補又は支払義務を負うこととなる。ただし、総受益者の同意があれば、すべての責任を免除することができる（228条）。

c 会計帳簿等の作成義務等

（a）帳簿の作成

一般の信託における受託者は、信託事務に関する計算等を明らかにするために信託帳簿を作成すれば足りるのに対し、限定責任信託の受託者は会計帳簿（会計帳簿とは、主要簿（仕訳帳、総勘定元帳及び日記帳）及び補助簿（現金出納帳、預金出納帳、売上帳及び仕入帳等）から構成される帳簿をいう。）を作成しなければならない（222条2項）。一般の信託における信託帳簿の記載項目について法令上具体的な定めは設けられていないのに対し、限定責任信託における会計帳簿の記載項目については、資産、負債、のれん、金銭以外の当初拠出財産、受益者に給付する金銭以外の信託財産に属する財産の評価方法についての定めがなされている（信託計算規則7条から11条）。

（b）財産状況開示資料の作成

一般の信託における受託者は、毎年、一定の時期に、財産状況開示資料を作成すれば足りるのに対し、限定責任信託の受託者は、限定責任信託の効力発生後速やかに、効力発生日における限定責任信託の貸借対照表を作成し、また、毎年、信託事務年度の経過後3か月以内に、貸借対照表、損益計算書、信託概況報告及びこれらの付属明細書を作成しなければならない（222条3項及び4項、信託計算規則12条）。

そして、限定責任信託の貸借対照表等については、一般の信託における財産状況開示資料とは異なり、記載事項が具体的に定められている（信託計算規則13条から23条）。

d 受託者の第三者責任

限定責任信託では、原則としてすべての信託財産責任負担債務の責任財産

は信託財産に限定されるが、受託者に帰責性のある不法行為責任まで限定責任とすることは適当でないことから、当該責任に基づく損害賠償債務については、受託者が固有財産でも責任を負わなければならないとされている。

また、一般の信託よりも受託者の責任を加重して、株式会社の役員と同様に、①受託者が信託事務を行うについて悪意又は重過失があったとき、又は、②故意又は過失により貸借対照表に記載すべき重要な事項について虚偽の記載等をしたときは、受託者は、これによって第三者に生じた損害を賠償しなければならないとされている（224条）。

e　限定責任信託の終了

（a）終了事由について

限定責任信託の終了には、①信託が終了することにより限定責任信託が終了する場合のほか、②限定責任信託の定めを廃止する信託の変更がなされた場合とがある（235条）。

上記①（信託の終了）の場合には、清算手続に移行するため、清算の登記をし、清算受託者の氏名又は名称及び住所も登記しなければならない（236条）。また、限定責任信託の清算が結了したときは、清算受託者は、一般の信託と同様に最終計算に係る手続を行うほか、清算結了の登記を行わなければならない（237条）。

これに対し、上記②（限定責任信託の定めの廃止）の場合には、限定責任信託の終了の登記がなされたときに限定責任信託の特例（法第9章）が適用されないこととなる（221条）。

（b）清算手続について

限定責任信託では、信託の清算一般に係る規定が適用されることに加えて、株式会社等と同様、債権者の清算手続への参加の機会を確保すべく、一定の期間内にその債権を申し出るべき旨を公告又は催告しなければならない（229条）。また、株式会社等と同様、この期間内に債権の申出がなかった場合の除斥や当該期間内の弁済禁止などが定められている（230条・231条）。

f 受益証券発行限定責任信託

(a) 趣　　旨

受益証券発行限定責任信託とは、信託行為において、受益証券を発行する旨を定め、かつ、そのすべての信託財産責任負担債務について受託者が信託財産に属する財産のみをもってその履行の責任を負う旨の定めをした信託である。

受益証券発行限定責任信託では、受益証券発行信託の性質から、受益権の流通性が高められ、かつ、限定責任信託の性質から、原則として、信託事務に関する取引によって生じた債務は、信託財産のみが責任財産となることから、類型的に、信託の会計の適正を確保する必要性が高いといえる。そこで、受益証券発行限定責任信託では、会計監査人の設置などに関する手当が設けられている（248 条から 257 条）。

(b) 内　　容

(i) 会計監査人の必置

受益証券発行限定責任信託では、法人と同様、最終の貸借対照表の負債の部に計上した額の合計額が 200 億円以上である場合においては、会計監査人を置かなければならない（248 条 2 項）。

(ii) 会計監査人の資格等

受益証券発行限定責任信託における会計監査人は、公認会計士又は監査法人でなければならないなどの資格要件があるほか（249 条）、会計監査人が欠けたときは、2 か月以内に新会計監査人を選任しなければならないなど、選任、辞任及び解任に係る規定が整備されている（250 条）。

(iii) 会計監査人の権限等

受益証券発行限定責任信託における会計監査人は、その職務を行うに当たっては、善良なる管理者の注意をもって、これをしなければならないほか（253 条）、以下のような権利義務を有する（252 条・254 条から 257 条）。

① 会計監査報告の作成義務
② 会計帳簿等の閲覧・謄写請求権及び受託者に対する会計報告請求権
③ 損失てん補責任

④　悪意又は重過失ある場合の第三者に対する責任
⑤　費用及び報酬に係る権利
⑥　受益者集会に係る権利義務

〔小室　太一〕

6　民事信託

＊　関連条文　3条・5条・6条・89条・90条・91条・147条

> **現行法のポイント**
> ➤　遺言信託、遺言代用信託、受益者連続信託などの民事信託の活用が可能に。

1　民事信託とは

　民事信託とは、信託の受託者が営利を目的としないで引き受ける非営利目的で設立される信託をいう。

　営業信託には民法及び信託法のほか、信託業法や金融機関の信託業務の兼営等に関する法律が適用されるが[1]、営利を目的としない民事信託には、原則として民法及び信託法が適用されるにとどまる。

2　趣　　旨

　高齢者や障害者の財産管理システムとして民事信託を活用する手法（福祉型信託）や民事信託を利用して有能な後継者を確保し、事業を維持・承継する手法が注目されてきたことに伴い、福祉型信託を含めた民事信託全般の普及とその発展を図るため、現行法の下では、その利便性が図られている。

---

[1] 信託業法が適用される信託業の定義については、「信託の引受けを行う営業をいう」（信託業法2条1項）とされており、報酬を得て信託を受託する場合、原則としてこれに該当するため、信託業法が適用されるが、「弁護士又は弁護士法人がその行う弁護士業務に必要な費用に充てる目的で依頼者から金銭の預託を受ける行為その他の委任契約における受任者がその行う委任事務に必要な費用に充てる目的で委任者から金銭の預託を受ける行為」、「請負契約における請負人がその行う仕事に必要な費用に充てる目的で注文者から金銭の預託を受ける行為」（信託業法施行令1条の2）等政令で定めるものについては、信託業法が適用されないこととなっている。

3　内　　容

a　遺言信託の整備

　旧法の下でも、遺言により信託を設定することが認められていたが（3条2号）、現行法は、遺言信託について、次のような規定を設け、次のとおり、その利便性を図ることとしている。
　なお、遺言信託は、死亡を契機として財産上の利益を無償で処分するという意味で遺贈に準じたものであることから、信託法のほか、民法の遺贈の規定が類推適用されると解されている。
① 遺言信託における信託の引受けの催告（5条）
　　遺言に受託者となるべき者を指定する定めがあるときは、利害関係人は、受託者として指定された者に対し、相当の期間を定めて、信託の引受けをするかどうかを確答すべき旨の催告ができる（5条1項）。
　　なお、その期間中に確答されなかった場合、信託の引受けをしなかったものとみなされる（5条2項）。
② 裁判所における受託者の選任（6条）
　　遺言信託において、遺言に受託者の指定に関する定めがないとき、又は、受託者となるべき者として指定された者が信託の引受けをせず、若しくはこれをすることができないときは、利害関係人の申立てにより、裁判所が受託者を選任することができる。
③ 遺言信託における委託者の相続人（147条）
　　遺言による信託の場合、別段の定めがある場合を除き、委託者の相続人は、委託者の地位を相続により承継しない。
　　これは、遺言信託は、法定相続とは異なる相続を実現しようとするものであることから、類型的に、信託の受益者と遺言者の相続人は信託財産に関して相対立する利害を有する立場であり、相続人に委託者の権利の適切な行使を期待することは困難であることを理由とする。
　　なお、遺言信託とｃで述べる遺言代用信託は、委託者が自己の死亡後

の財産の処分方法を自ら決定するために設定する信託であるという点で類似しているが、遺言代用信託は遺言信託と異なり契約により行われるものであることから本条の適用はない点に留意が必要である。

b 受益者を指定又は変更する権利の整備 (89条)

信託行為により受益者として指定された者は、受益の意思表示をすることなく当然に受益者となることから、原則として、信託設定後は委託者等が受益者を勝手に変更することはできない。しかしながら、信託行為に別段の定めをすることにより、委託者が信託設定後に受益者を指定し、又はこれを変更することも可能である。

このような別段の定めは、遺言代用信託等の民事信託の分野で有効に活用することができると考えられるため、別段の定めとして、受益者を指定し、又はこれを変更する権利（受益者指定権等）を規定した場合の取扱いを明確にするための規定が置かれている。

その内容は以下のとおりである。

① 受益者指定権等は、原則として、受託者に対する意思表示によって行使する (89条1項)。

　ただし、遺言によっても行使することができる (89条2項)。

② 遺言により受益者指定権等が行使された場合であって、受託者がこれを知らないときは、受益者指定権等の行使により受益者となったことを、当該受託者に対抗することができない (89条3項)。

③ 受託者は、信託行為に別段の定めがある場合を除き、受益者を変更する権利が行使されたことにより受益権を失ったものに対し、遅滞なくその旨を通知しなければならない (89条4項)。

④ 受益権指定権等は、信託行為に別段の定めがある場合を除き、相続されない (89条5項)。

c 遺言代用信託の整備

遺言代用の信託とは、例えば、他人に財産を信託して、委託者自身を自己生存中の受益者とし、自己の子、配偶者その他の者を「死亡後受益者」(委託者の死亡を契機として信託から給付を受ける権利を取得する受益者)とすることによって、自己の死亡後における財産分配を信託によって達成しようとするものであり、死因贈与と類似する機能を有するものである。

信託法では、次のア又はイの内容が規定された信託を遺言代用信託と解し、遺言代用信託においては、委託者がいつでも受益者や信託内容を変更することができるという意思を有するのが通常であると考え、89条の例外として次の①及び②の内容を定めている。

　ア　委託者の死亡の時に受益者となるべき者として指定された者が受益権を取得する旨の定め(90条1項1号)

　イ　委託者の死亡の時以降に受益者が信託財産に係る給付を受ける旨の定め(90条1項2号)

　①　遺言代用信託においては、信託行為に別段の定めがない限り、委託者は、受益者を変更する権利を有する(90条1項)。

　②　上記イの定めのある遺言代用信託においては、信託行為に別段の定めがない限り、受益者は、委託者が死亡するまでは、受益者としての権利義務を有しないとされた(90条2項)。

この規定により、委託者は、死亡後受益者の同意を得ることなく、委託者のみの意思により信託を終了させることができ(164条)、また、受託者との合意のみにより信託契約を変更することができることとなる。

なお、上記のとおり、遺言代用信託は、死因贈与と類似の機能を有することから、以上に記載した信託法の規律のほか、死因贈与に関する規定が類推適用されると解されている。

d 後継ぎ遺贈型の受益者連続信託の整備

後継ぎ遺贈型の受益者連続信託とは、例えば委託者Aが生前は自らが受益者となり、Aの死亡後は第一受益者Bを、Bの死亡後は第二受益者Cを、

Cの死亡後は第三受益者Dを受益者とする信託などの、後継ぎ遺贈の代替的な機能を果たし得る信託をいう。

このような受益者連続信託は、個人企業経営、農業経営における有能な後継者の確保や、生存配偶者の生活保障等の必要から、共同均分相続とは異なる財産承継を可能とする手段としての活用が期待される。

信託法では、受益者の死亡により順次他の者が受益権を取得する旨の定めを設けることができるとして受益者連続信託を認めるとともに、その期間制限として、信託設定から30年が経過した時に現に存する受益者が信託行為の定めにより受益権を取得した場合であってその受益者が死亡するまで又はその受益権が消滅するまでの間その効力を有するものと定められた（91条）。

この期間制限により、上記の例で言えば、信託設定から30年が経過した時にB、C及びDが生存していた場合、30年経過時の受益者であるBが死亡したことにより受益者となったCが死亡し、又は、その受益権が消滅することにより信託は終了することとなる。

すなわち、30年経過後は受益権の新たな取得は1度しか認められず、上記の例のDは受益権を取得できないことに留意が必要である。

4 民事信託の活用例

a 高齢者や重度の身体障害者等のための財産管理方法としての信託

高齢者等のための財産管理方法としては、従前より成年後見制度が活用されてきた。

しかしながら、成年後見制度は判断能力の減退がない場合には利用できないため、判断能力はあるが財産管理を十分になし得ない身体障害者等は利用できず、また、成年後見制度を利用できる場合であっても、同制度では、財産の移転は生じないことから、高齢者や障害者自身による浪費的財産処分や第三者からの不当な財産侵害に十分に対応することが出来ない場合がある。

これに対し、自己所有の財産につき、財産管理の専門家を受託者とし、自己を受益者とした信託を設定する場合には、判断能力の有無に関係なく、財

産の管理を専門家に委託することができ、また、当該信託において生活や療養等に必要な金銭だけを受け取るとの内容を定めることにより、高齢者や障害者自身による浪費的財産処分を防ぐこともできることから、信託を活用した財産管理が注目を浴びている。

　また、判断能力が減退した場合には、信託により財産管理を行うとともに、後見人が本人の身上監護等を行うなど、信託と後見制度を組み合わせることにより、よりよい監護を行うことも考えられるであろう。

b　本人死亡後の配偶者や障害のある子の生活保障の手段としての信託

　本人死亡後の配偶者や障害のある子の生活保障については、子や配偶者に遺産を相続させた上で、成年後見制度を利用して後見人等に財産管理を委ねる方法が一般的である。

　しかしながら、後見制度については前記 a に述べたような問題点があることから、遺言信託、遺言代用信託を利用し、財産管理を専門家に委ねつつ、必要に応じ後見制度と併用することにより本人の身上監護を行う手法が考えられる。

　また、配偶者や障害を持った子の生存中は、その者たちのために財産を活用するが、それらの者の死亡後には、福祉団体（例えば障害を持った子が生活していた療養施設など）に寄付したいとの希望がある場合には、後継ぎ遺贈型の受益者連続信託を利用することにより、これを実現することも可能である。

c　事業の維持・承継の手段としての信託

　事業を行っている者が、その事業を有能な後継者に承継させることを希望する場合であっても、本人の死後、法定相続人間で遺産分割等されることにより、営業の基礎となる財産や経営会社の株式が分割され、後継者による承継が困難になることがあり得る。

　そこで、後継者に営業の基礎となる財産を信託することにより営業の基礎となる財産の分割を防ぎ、営業を承継させる手法や、経営会社の株を信託し、後継者を受益者とすることにより後継者に会社経営権を引き継ぐ方法等、信託の活用により事業承継を行うことが考えられる。

もっとも、事業者にとって、信託を活用した事業承継になじみがないのが実情である。
　そこで、中小企業庁では、事業承継の円滑化のために活用可能な信託スキームについて、そのメリット及び活用ニーズを具体的に整理するとともに、会社法及び民法等との関係について検討を行い、遺言代用信託、他益信託及び後継ぎ遺贈型の受益者連続信託を利用した事業承継信託スキームを提示している。
　信託を利用した事業承継に対する関心が広がっているともいわれており、今後の活用が期待される。

5　今後の課題

　以上のように、信託法においては、福祉型信託等の分野での活用が期待される民事信託の発展のため、いくつかの規定が整備されている。
　しかしながら、福祉型信託においては、金銭のみや不動産のみといった従来の信託とは異なり、不動産を含めた財産全体の信託とその効率的かつ安全な運用が必要であることに加え、受益者に対するきめ細やかな配慮も要する。
　そこで、このような福祉型信託を今後発展させていくためには、多様な資産を総合的に受託、管理し得る信頼できる受託者が必要であり、そのためにどのような法整備をするかが今後の課題となる。

〔西岡佐依子〕

7　目的信託

* 関連条文　258条〜261条

> **現行法のポイント**
> ▶ 公益目的を有しない、受益者の定めのない信託（目的信託）の設定が可能に。

1　趣　　旨

　旧法の下では、一般に、公益信託の場合を除き、受益者の定めのない目的信託を設定することはできないとされ、信託の設定時において具体的な受益者が存在しない場合であっても、少なくとも受益者となるべき者を確定することができなければならないと解されていた。しかし、法人については、公益目的を有しない場合であっても、社員（信託でいうところの受益者）に対する剰余金の分配を行わないことが許されている以上（中間法人制度）、信託についても、剰余金の分配を行わない、つまり、受益者の存在しない信託が認められてもよいのではないかとの指摘がされていた。

　そこで、現行法は、公益目的を有しない場合であっても、受益者の定めのない信託を認めることとしている。

2　内　　容

a　目的信託

現行法の下は、次のような利用が期待されている。
① 権利能力のない者が実質的に受益者に相当するケース

例：・受託者が金銭又は特定の財産から得られる利益を利用してペットを飼育することを目的として、委託者が受託者に対して金銭又は特定の財産を信託する場合
・委託者の死後、受託者が建物から得られる利益を利用して当該建物を博物館として管理することを目的として、委託者が受託者に対して住居等の建物を信託する場合
② 将来利益を受ける者は想定されるが、受益者として関与することは想定されないケース
例：受託者が金銭又は特定の財産から得られる利益から委託者たる企業の発展に功績のある者に奨励金を出すことを目的として、委託者が受託者に対して金銭又は特定の財産を信託する場合
③ 将来利益を受ける者が想定されないケース
例：資産流動化におけるビークルの倒産隔離を実現する目的で、ビークルの当初の社員が受託者に対してビークルの社員持分を信託する場合

b 目的信託における特則

(a) 受託者の監督（258条4項～8項・260条）

信託においては、受益者が中心となって受託者による信託事務の処理を監督することが想定されているが、目的信託においては、受益者は存在せず、受益者による監督を想定することはできないことから、委託者又は信託管理人により、受託者の信託事務の処理の監督がされることになる。そこで、受益者の定めのある信託の規定の適用に当たっては、受益者についての規定を委託者又は信託管理人と読み替えて適用される（261条）。

また、委託者と信託管理人が有するべき監督権限については、委託者の権限の範囲、信託管理人の設置の有無等も含め、信託行為（信託契約等）によって決定されることになるが、遺言により、目的信託が設定された場合には、委託者は存在しないことから、信託管理人が選任されることになる（258条4項～8項）。

そして、委託者又は信託管理人は、145条2項各号（6号を除く。）に定め

る受託者に対する監督権限を有し、信託契約による目的信託の受託者は、145条4項各号の義務を課されている。かかる委託者及び信託管理人の権限並びに受託者の義務の変更は禁じられており、委託者又は信託管理人による監督が図られている（258条4項・260条）。

（b）利用の適正化（258条1項〜3項・259条・260条）

目的信託は、その収益の配当が想定されていないことから、財産の隠匿等の濫用的な利用がされるおそれもないわけではない。

そこで、このような濫用的な利用を防止するために、次のような措置を講ずることとしている。

① 自己信託による目的信託の設定の禁止（258条1項）

自己信託は、委託者による単独行為で行われ、かつ、委託者と受託者とを兼ねることになるため、委託者による監督はまったく期待することができないことになる。

そこで、自己信託による目的信託の設定は禁止されている。

② 目的信託と受益者の定めのある信託との間での変更の禁止（258条2項・3項）

信託の変更については、信託契約等による特段の制限がない限り、自由に変更することができるが、受益者の定めのある信託を目的信託に変更したり、また、目的信託を受益者の定めのある信託に変更したりすることは、目的信託を財産の隠匿等の手段として利用することを招きかねないなどのおそれがある。

そこで、目的信託と受益者の定めのある信託との間で、それぞれ相互に変更することは禁止されている。

③ 存続期間の制限（259条）

目的信託においては、信託行為の定め方如何によっては、受託者による処分が制限され、期限の定めのない目的信託を認めると、永久に処分のできない財産が存在することとなり、その財産の有効な活用を著しく阻害するおそれがある。

そこで、現行法は、このような社会経済上の不利益にも考慮し、目的信託の存続期間は20年間を超えることができないこととしている。

(c) 経過措置（附則3項・4項）

　目的信託の受託者は、法律で定める日までの間、当該信託に関する信託事務を適正に処理することができる財産的基礎及び人的構成を有する者として信託法施行令3条で定める以下のものに限ってその受託をすることができることとされている。

① 　国
② 　地方公共団体
③ 　以下の全ての要件を満たす法人
　イ　公認会計士又は監査法人の監査により虚偽、錯誤及び脱漏のない旨の証明を受けた、直近の事業年度終了日[1]における貸借対照表において、純資産額が5,000万円を超えること
　ロ　業務を執行する社員、理事若しくは取締役、執行役、会計参与若しくはその職務を行うべき社員又は監事若しくは監査役（名称を問わず、当該法人に対しこれらの者と同等以上の支配力を有する者が含まれる。）のうちに、次のいずれかに該当する者がないこと。
　　（イ）禁錮以上の刑に処せられ、その刑の執行を終わり、又は刑の執行を受けることがなくなった日から5年を経過しない者
　　（ロ）信託法、担保付社債信託法、兼営法、投資信託法、資産流動化法、著作権等管理事業法若しくは信託業法の規定の違反又は刑法若しくは暴力行為等処罰に関する法律の一定の罪を犯したことにより罰金の刑に処せられ、その執行を終わり、又は執行を受けることがなくなった日から5年を経過しない者
　　（ハ）暴力団員又は暴力団員でなくなった日から5年を経過しない者

　なお、この「法律で定める日」については、公益信託に係る検討の状況を踏まえて定められることとされている。

〔正田　真仁〕

---

[1] 最初の事業年度の終了の日から3か月以内に貸借対照表の監査が終了していない法人は当該法人の成立の日、その他の直近の事業年度の終了の日から3か月以内において貸借対照表の監査が終了していない法人は当該事業年度の前事業年度の終了の日となる。

8 公益信託

＊　関連条文　公益信託ニ関スル法律

> **現行法のポイント**
> ➢ 公益信託を目的信託の一類型としての位置づけを明確に。

1 趣　旨

　公益信託は、受益者の定めのない信託であり、目的信託の一類型であると整理することができるが、他方で、その公益目的から税務上特別な取扱いが認められていることなどから、主務官庁の監督に服することとされている。この点、現行法においては、旧法にない新たな制度が創設されたことから、これらを公益信託に適用するに当たり、主務官庁の監督権限について規定を設ける必要がある。

　そこで、現行法は、公益信託を目的信託の一類型として位置づけた上で、公益信託に特有の規定を「公益信託ニ関スル法律」として整理するとともに、現行法において新たに設けられた信託の手続について主務官庁の監督権限に関する規定等を設けている。

　なお、公益信託における主務官庁の関与のあり方については、従来、公益法人におけるそれに準じたものとされていたことから、今後、公益法人法制改革を踏まえて改正されることが予定されている[1]。また、公益法人制度の改正については、「一般社団法人及び一般財団法人に関する法律」及び「公益社団法人及び公益財団法人の認定等に関する法律」が平成18年6月2日に公布され、平成20年12月1日から施行されている。

2 内容

a 総説

　現行法は、公益信託を受益者の定めのない信託の一類型として位置づけた上で、公益信託に特有の規定を公益信託法として整理し、今回の改正においては、基本的に旧法の規律に変更を加えていない。

　すなわち、旧法の下で認められていた主務官庁の監督権限を踏まえ、現行法の下で新たに創設された制度について、主務官庁の監督権限の規定を整備したほか、目的信託の一部の規定について公益信託の特殊性にかんがみてその適用をしないこととする規定を設けるにとどめている。

　このように、公益信託法については、旧法以来の実質的な規律に変更は加えられておらず、今後、新しい公益法人法制を踏まえて全面的に改正されることが予定されている。[1]

b 主務官庁による監督

　公益信託は、公益信託法により、基本的には旧法の規律がそのまま適用されており、主務官庁の許可を受けなければ効力を生じず（公益信託法 2 条 1 項）、主務官庁の監督に服することとなる（公益信託法 3 条・4 条等）。

　そこで、次のとおり、現行法の下で新たに設けられた信託の手続について主務官庁の監督権限を及ぼすための規定などが設けられた。

① 信託の変更、併合及び分割（公益信託法 6 条）

　　信託の変更、併合及び分割は、主務官庁の許可を得なければならない。

---

[1] 現行法の成立に当たり、「公益信託制度については、公益法人と社会的に同様の機能を営むものであることにかんがみ、先行して行われた公益法人制度改革の趣旨を踏まえつつ、公益法人制度と整合性のとれた制度とする観点から、遅滞なく、所要の見直しを行う」との附帯決議（衆議院法務委員会平成 18 年 11 月 14 日「信託法案及び信託法の施行に伴う関係法律の整備等に関する法律案に対する附帯決議」参議院法務委員会平成 18 年 12 月 7 日「信託法案及び信託法の施行に伴う関係法律の整備等に関する法律案に対する附帯決議」）がなされている。

② 目的信託における裁判所の権限（公益信託法8条）

目的信託における裁判所の権限は、以下の権限を除き、主務官庁が有している。

イ 事後の事情変更を理由とする信託の変更命令（150条1項）
ロ 公益に反する信託についての終了命令（166条1項）、保全処分（169条1項）、受託者の選任（173条1項）
ハ 清算受託者の鑑定人の選任の裁判（180条1項）
ニ 限定責任信託における書類の提出命令（223条）
ホ 限定責任信託の清算受託者による弁済許可の裁判（230条2項）

なお、新しい公益法人法制の下では、目的の公益性の有無にかかわらず、一般社団法人及び一般財団法人（以下「一般社団法人等」という。）は、主務官庁の許可なく設立することができる（一般社団法人及び一般財団法人に関する法律10条〜22条・152条〜163条）。そして、一般社団法人等のうち、公益目的を有するものについては、公益認定委員会又は都道府県知事の認定を受けると公益社団法人等となることができ（公益社団法人及び公益財団法人の認定等に関する法律4条）、認定を受けた公益認定委員会又は都道府県知事の監督を受けることになる（公益社団法人及び公益財団法人の認定等に関する法律27条等）。公益信託については、今後、このような公益法人法制を踏まえた改正がされることが予定されている。

c その他の目的信託との相違（公益信託法2条2項）

公益信託は、目的の公益性から、永久に存続する場合であっても社会経済上不利益を生じるとはいえないため、他の目的信託とは異なり、存続期間は20年間に限定されない。

〔正田 真仁〕

信託法の要点

2012年4月16日　初版第1刷印刷
2012年4月25日　初版第1刷発行

検印廃止	©編著者　武智　克典
	発行者　逸見　慎一

発行所　東京都文京区本郷6丁目4の7　株式会社　青林書院

振替口座 00110-9-16920／電話 03 (3815) 5897～8／郵便番号 113-0033

印刷・田中製本印刷㈱　落丁・乱丁本はお取り替え致します。

Printed in Japan　ISBN978-4-417-01556-7

・JCOPY〈(社)出版者著作権管理機構　委託出版物〉
本書の無断複写は著作権法上での例外を除き禁じられています。
複写される場合は，そのつど事前に，(社)出版者著作権管理機構
（電話 03-3513-6969, FAX 03-3513-6979, e-mail : info@jcopy.
or.jp）の許諾を得てください。